屠龙简史

—— 武林漫游三千年 ——

王永胜 著

上海文艺出版社

朱泙漫学屠龙于支离益，单千金之家，三年技成而无所用其巧。

——《庄子·列御寇》

目 录

自序 1

绝招篇

魏晋风度与啸及其他 3
为什么是"十步杀一人"? 16
赵云与梨花枪及其他 34
易筋经与武学及其他 54
袈裟斩与鸳鸯、蝴蝶阵 70

人物篇

君子尚武乎?
苏格拉底和孔子的勇武故事 95
从剑舞看杜甫"凤凰"意象 115
辛弃疾"醉里挑灯看剑" 133
年羹尧隐藏在民间的遗产:"五行八阵图" 158

闲杂篇

林冲：胸中垒块，须劣酒浇之　　　　　　　　183

武松的玉环步鸳鸯脚及其他　　　　　　　　198

孙悟空为什么会被菩提祖师逐出师门？　　　213

哪一回之后唐僧不再念紧箍咒了？　　　　　229

"同是个中人"

《聊斋》里的武艺　　　　　　　　　　　　242

语录篇

旧时武林二三事

瞿夫子演武录　　　　　　　　　　　　　　261

参考书目　　　　　　　　　　　　　　　289

自序

一

我在故乡河边沙地里练过"铁砂掌",手指入沙,噌噌有声;也在学校墙壁上腾空踩两脚,借力转身鞭腿,落地怪啸,如李小龙模样;也曾没日没夜地读《三国》、《水浒》、金庸古龙,想象自己被仇人追杀……这些,都是我年少时做过的武侠梦,我相信很多人都和我做过一样的梦,然后,告别少年,也就基本不再做这种不现实的梦了。

后来,我遇到允文允武的瞿炜先生,就追随他学文习武,获益良多。我所谓的"习武",并不刻苦,充其量只是锻炼身体。我当然知道,习武是一种很好的修行法门,至于所得的果位嘛,修到哪算哪,散淡得很。

瞿夫子[1]曾提及:历史上许多智者、诗人,同时也是战士、

---

1 瞿夫子,是本人对瞿炜先生的尊称。瞿炜,浙江温州人,诗人、作家、武术(转下页)

武士，武艺超群，但人们大多关注他们在哲学、文学上的成就，而忽略了他们在武艺方面的技能。比如，古希腊的柏拉图、希罗多德乃至后来的笛卡尔，中国的孔子、墨子乃至后来的李白、辛弃疾等。这给了我很大的启发，也激发了我的好奇心，于是开始研读相关的记载。

2016年的秋天，我们在去咖啡馆的路上聊到枪法。我马上背出《三国演义》里那句优美的话："那枪浑身上下，若舞梨花，遍体纷纷，如飘瑞雪。"

"为什么是梨花？"我自问自答，"难道是说，赵云的枪杆是梨花木做的？"瞿夫子笑着说："那是指梨花枪，是有史料可查的著名枪法。"

早年书中的这个谜团，在无意之中获得答案。不久，我写下《赵云与梨花枪及其他》。深埋在我心中的武侠梦，在许多年之后再一次苏醒过来。之后的文章也是从这个原点出发、慢慢构建，最终生长成为读者诸君手中的这本书。

当我准备构建整本书时，习武目的就更加不"纯"了，为"文"而习武。我当然不奢望练成一个武术高手，弹指神通，飞檐走壁。我更希望的是，通过武艺，与自己，与天地，与历史

(接上页)家。有诗集《命运的审判者》《地下铁》等行世。自幼习武，转益多师，是非遗保护项目"四象拳"第三代传人、杨式太极拳第五代传人、南少林罗汉拳第三代传人。创建整理四象门武学。

对话，从这个独特的门径、有趣的切片当中，去"窥探"历史、武学中被人忽略的诸多秘密。

二

全书分四个部分：

其一，从具体的武学内容出发，来解释历史记载中出现的易筋经、啸、梨花枪、袈裟斩、十步一杀等究竟是怎么一回事。在这一部分，我梳理了历史脉络，有切身的习武体会，也有详细的考证。可以归类为绝招篇。

其二，从历史人物及其作品中解读有关武学的传统及表现形式，比如《从剑舞看杜甫"凤凰"意象》《年羹尧隐藏在民间的遗产："五行八阵图"》诸篇，侧重于人物故事，但是也有自己的见解，比如从剑术的角度解读杜甫。这一部分可以归类为人物篇。

其三，解读文学作品中的虚构人物，比如林冲、武松，《聊斋》里的武艺诸篇，是与武艺有关的读书笔记，可以归类为闲杂篇。

其四，瞿夫子演武录，语录体。内容涉及真实武林及武学修炼，庞杂有趣。

除了"窥探"武学秘密这一层意图之外，我希望这也是一次解惑之旅。

首先，我们要理清一个基本思路：存在武侠小说中的武术，和存在于真实武林之中的武术当然是不同的，前者可以天马行空，极尽夸张之能事，如段誉的六脉神剑；后者追求实战，如孙禄堂至刚至阳的半步崩拳。但是，如果武侠小说写到武林之中有所本、传承有序的真功夫，两者发生重叠，如"易筋经""内家拳"，我的观点是，需要先明白其中的关隘，再考虑发不发挥、如何发挥其想象力。如果不明白这一层，就是武侠小说对武术的误读，如金庸先生对易筋经的描述。当然，误读也有其文学上的价值，只不过那已是另一个层面的事情了。

当然，中国传统武术是一个系统工程，那些在公园里练习太极拳套路的大部分人，确实打不了人。但是，这并不能说明太极拳打不了人，杨露禅打不了人。"道"没有问题，是装"道"的瓶子出了问题。

一个合格的太极拳练习者，先要把招式练熟了（左右手两个方向都要会）；再拆招，把单把练成条件反射，像长在身体上一样；然后师父喂招，和师兄弟反复拆招；再者，要有胆魄，才可以谈自己会不会打。

中国传统武术，从来没有像今天这样被误解，被嘲笑，有意或无意。或许中国传统武术已经没落，武术之灯已经非常暗弱，但并不代表武术界就没有一以贯之的真东西存在。

三

在写作过程中,我也得到了诸多老师的帮助与鼓励。拙作部分文章在《书屋》和《书城》杂志刊发过,感谢《书屋》编辑周暾老师,《书城》齐晓鸽老师、李庆西老师对我的指点与鼓励。"梨花枪稿子"刊发在《读库》2003期,也感谢张立宪老六先生。

感谢上海文艺出版社的编辑胡曦露,是她一手促成了此书的出版。炎炎夏日,我们在出版社一楼的咖啡厅见面,聊起这本书的创作。

那一天的咖啡特别好喝。水深江湖阔,谢诸子引渡。

绝招篇

魏晋风度与啸及其他

啸，这种独特的发声方法，历史悠久，从西王母到屈原，从西南荆楚至中原大地，最后进入武学领域，被李小龙所继承，背后有着一条贯穿数千年的清晰脉络。

一

不同于简单的呼叫，啸，是一种古老独特的发声方法。古时，啸得好的两人，是西王母和屈原。

《山海经·西山经》记载："又西北三百五十里，曰玉山，是西王母所居也。西王母其状如人，豹尾虎齿而善啸，蓬发戴胜，是司天之厉及五残。"此处特意提到西王母"善啸"，可见西王母不是简单的呼喊。

我的理解，《山海经·西山经》中提到的如此独特的西王母形象，是蛮荒时代由巫师装扮而成。西王母头上戴的"胜"，是一种"工"形的玉制首饰,也是一种咒器,我们在出土的汉砖和日本的铜铎上都能看到它的样子。为什么是"工"形,《说文解字》的解释是,"工,与巫同意"。"戴胜"和啸要连起来看,啸得好不好,也是那名巫师扮演的西王母成功与否的关键。

托名为唐人孙广所著的《啸旨》一书中说,啸,最初是"君授王母"[1]。此处的"君",当作"万物之主"解,这里的王母,就是西王母。

《啸旨》是一本很有意思的薄薄的古书,是我国唯一的一部记载啸的专书,书中详细阐述了啸的历史和方法。

屈原在《招魂》中写道:"招具该备,永啸呼些。"翻译成白话文就是:招魂的器具已经齐备,快发出长长的啸吧。

古楚人认为,啸,是可以招魂的。

综合上述这两条珍贵的史料,我们可以得出,在久远时代的人眼中,"啸"非常神秘,他们相信这种神秘的技术只能来自"万物之主"的传授。这种神秘的技术,最初是被统治者和巫师所控制,普通人无法染指。

前秦王嘉《拾遗记》对啸有一段详细描写:

---

[1] 王云五主编:《啸旨·角力记·学射录·手臂录》,山西科学技术出版社2012年版,第1页。

太始二年，西方有因霄之国，人皆善啸，丈夫啸闻百里，妇人啸闻五十里，如笙竽之音，秋冬则声清亮，春夏则声沉下。人舌尖处倒向喉内，亦曰两舌重沓，以爪徐刮之，则啸声逾远。故《吕氏春秋》云"反舌殊乡之国"，即此谓也。[1]

前秦和东晋，有重合的时间段，而魏晋正是啸的鼎盛时期，王嘉的这段记载又是追溯到汉朝（太始是汉武帝年号），所以，这段文字又极其重要，不可不察。

需要指出的是，王嘉误解了《吕氏春秋》里"反舌"的意思。《吕氏春秋》分别在《功名》和《为欲》两节处提到"反舌"。

《功名》章节处曰：

善为君者，蛮夷反舌殊俗异习皆服之，厚德也。

《为欲》章节处曰：

蛮夷反舌殊俗异习之国，其衣服冠带，宫室居处，舟车器械，声色滋味皆异。

---

[1] 王嘉：《拾遗记》，上海古籍出版社2012年版，第38页。

综合语境考虑，"反舌"最合理的解释是指"夷语，语言与中国相反"，蛮夷之地，语言与中国相差很大，夸张一点说，就是相反、相对立。这也就是孟子所说的，"今也南蛮䴗舌之人"，怪腔怪调，难懂得很。而不是如王嘉"山海经"般的理解：是"舌尖处倒向喉内"，从中也可以看出陇西安阳人王嘉似乎不懂啸，对啸陌生。

不过，王嘉记载的这段话，也透露了另一层有用的信息，善啸之国，在西方，也正是《山海经》里西王母的方位。古楚人又善啸。我的猜测是，啸最初可能就是发源自西南荆楚蛮荒之地。

据说，岭南俗信中有"巫啸"，可以交神通灵，这大概可以追溯到屈原时代。道教中有也"道啸"。"道啸"和"巫啸"两者之间有什么关系？或许应该先有"巫啸"再有"道啸"。从巫术到道术，应该也是某种意义上的进步。

二

汉朝，黄老之术盛行。发源自西南巫术的啸，也就顺理成章地乘道教入中原。史书记载，东汉不少术士善啸。

《后汉书·方术列传》记载：赵炳，字公阿，东阳人，曾在章安（现在台州境内）临水求渡，船人不理，赵炳就"张盖坐其中，长啸呼风，乱流而济"。赵炳好像是坐在一个什么东西上，长啸呼风，飘然过河，"于是百姓神服，从者如归"，当地太守厌恶他迷惑众人，就杀了赵炳。

《后汉书·方术列传》还记载了一个让人毛骨悚然的故事。

刘根，颍州人，隐居嵩山，很多人赶来向他学道，太守史祈认为他是"妖妄"，就把他抓了。

史祈对刘根说："你有什么道术，可以巫惑百姓？你如果显个神迹，就不杀你。"

刘根说："也没什么特别，颇能让人见鬼。"

史祈说："你赶紧赶紧。"

刘根于是"左顾而啸"，一会儿，史祈已经死去的父亲祖父等十个亡魂出现，反手绑着，向刘根磕头，说小儿错了，还转头骂史祈。

史祈惊惧，向刘根顿首流血。刘根嘿而不应，忽然俱去，不知在所。汉朝人和屈原的看法相似，啸依旧可以招魂。

中原之地，突然出现很多擅啸的术士，汉朝人刚开始是既陌生又害怕。所以，赵炳被当地太守所杀，于吉被孙策所杀，其中就有这一层心理。

经过汉末一段时期的激荡，人们对啸不再感到害怕。魏晋时期的啸达到鼎盛。啸和五石散、清谈一起，成为名士生活必备。

魏晋时期，啸得最好的两个人是阮籍和孙登。

《晋书·阮籍传》说，阮籍"嗜酒能啸，善弹琴"。《世说新语》说："阮籍啸闻数百步。"上乘的啸，除了声音悠远之外，还要合乎音律，有明确的宫商角徵羽五音规定。这，阮籍擅长。

阮籍有一首咏怀诗曰：

> 於心怀寸阴，羲阳将欲冥。
> 挥袂抚长剑，仰观浮云征。
> 云间有玄鹤，抗志扬哀声。
> 一飞冲青天，旷世不再鸣。
> 岂与鹑鷃游，连翩戏中庭。[1]

那只高傲飞翔、不看地上俗物的云中玄鹤，当然就是爱用"青白眼"看别人的阮籍自己。古人称鹤鸣也为鹤啸，而阮籍善啸。他和云间玄鹤之间，可以通过啸交通，莫逆于心。

阮籍弹古琴，弹得兴起，一声长啸合奏，送于云间玄鹤，这对听琴的人来说，会是怎样的一种美妙享受？

---

[1] 《阮籍集校注》，中华书局2015年版，第285页。

孙登，隐居苏门山，晋文帝司马昭听说了，叫阮籍去看看。阮籍去了，和他谈论"栖神导气之术"，孙登不应。阮籍长啸而去，言外之意：足下不过如此。

阮籍走到半山腰，听到"声若鸾凤之音，响乎岩谷"，乃孙登之啸也。阮籍大惊，马上回家，写了一篇感情真挚、洋洋洒洒的文章《大人先生传》，歌颂孙登。

嵇康也精通养生、音律，曾以学生的姿态跟随孙登三年，所以我猜，嵇康也是懂啸的。

《晋书》还有一个有趣的故事，说谢鲲邻居高家有美女，谢鲲看上了，就"挑之"——换句现在的话说，就是去"撩妹"——美女投梭，打落谢鲲两颗牙齿，当时人就看笑话了，谢鲲傲然长啸曰："犹不废我啸歌。"

牙齿打断两颗，不妨碍啸。可见，啸，是和牙齿没关系的。啸与唇形有关，郑玄笺注《国风·召南·江有汜》："啸，蹙口而出声也。"[1] "蹙口"，就是双唇向前噘起而发声。

刘琨在晋阳时，被胡骑围困，城中窘迫无计。刘琨月夜登楼清啸，胡人闻之，凄然长叹，中夜，城中奏胡笳，胡人流泪叹息，有思乡之切，天亮前再奏胡笳，胡人弃围而走。

不少人认为魏晋人物真是风流快意，每每读到这样的句

---

[1] 程俊英等：《诗经注析》，中华书局2011年版，第52页。

子，我都会合卷叹息。《晋书》《世说新语》写的其实是满纸愤懑。

《晋书·阮籍传》说："籍本忧济世志，属魏晋之际，天下多故，名士少有全者，籍由是不与世事，遂酣饮为常。"阮籍醉酒避世，实为活命。他的长啸，悲如痛哭。

魏晋人之啸，其实也是没有出路之哭。

《世说新语·黜免第二十八》曰：

> 桓公入蜀，至三峡中，部伍中有得猿子者，其母缘岸哀号，行百余里不去，遂跳上船，至便即绝，破视其腹中，肠皆寸寸断。公闻之怒，令黜其人。

古时三峡处多猿，猿号，也称猿啸，猿啸高远悲切，渔者歌曰："巴东三峡巫峡长，猿鸣一声泪沾裳。"不过，就事件本身而言，和《世说新语》里的许多段子一样，这条也是虚构的。抄自干宝《搜神记》：

> 临川东兴有人入山，得猿子，便将归，猿母自后逐至家。此人缚猿子於庭中树上，以示之。其母便搏颊向人，欲乞哀状，直谓口不能言耳。此人既不能放，竟击杀之。猿母悲唤，自掷而死。此人破肠视之，寸寸断裂。未半

年，其家疫死，灭门。[1]

虚构的故事未必就没有意义，也能真实反映一个时代的风气。高远悲切的猿啸，暗合魏晋悲怆的时代精神，所以，故事里的桓温才会如此震怒，令黜其人。

三

唐宋之后，啸开始渐趋衰微。最好的啸，就留在让后来无数读书人神往的魏晋。

《啸旨》一书，如果真是唐人所著，那恰恰证明当时啸已经走下坡路，有给后世留下详细记录的必要。

唐代笔记《云溪友议》记载，李翱[2]担任庐州刺史时，有一个身犯重罪、当受大辟之刑的囚犯自称，曾于群山之中，专门习得长啸这门技艺，愿意在贵人面前试一试，这样方才死而无憾。于是李翱下令宽缓他身上的枷锁，让他自由发啸。囚犯清啸之声上彻云汉，李翱深受感动，"不谓苏门之风，出於赭衣[3]

---

[1] 《搜神记》，中华书局1979年版，第242页。
[2] 李翱（772—841），字习之，陇西狄道（今甘肃省临洮县）人。唐朝时期的大臣、文学家、哲学家、诗人，曾从韩愈学古文，推进"古文运动"。
[3] 古代囚衣。因以赤土染成赭色，故称。

之下。可命鸾鹤同游，可与孙、阮齐躅"，因而去其械梏，还赦免了他的罪行。[1]

可见，在唐朝，啸已经不多见，李翱才会如此感叹。同时也可以看出，啸渐趋衰微之后，似乎被少数伶人所习，以奇技淫巧的面目传承于世。

王维在《竹里馆》写道："独坐幽篁里，弹琴复长啸。"王维和阮籍一样，都是擅长琴啸合奏。除此之外，啸在唐诗里并不多见。

杜甫下半生太过凄苦，这段时间的诗歌读来让人落泪。杜甫应该不懂啸，可是蜀地凄苦的猿啸一再入他的诗。

杜甫在《登高》中说：

> 风急天高猿啸哀，
> 渚清沙白鸟飞回。
> 无边落木萧萧下，
> 不尽长江滚滚来。
> 万里悲秋常作客，
> 百年多病独登台。
> 艰难苦恨繁霜鬓，

---

[1] 范摅：《云溪友议校笺》，中华书局2017年版，第56—57页。

潦倒新停浊酒杯。

杜甫在穷愁绝境之时所写的组诗《乾元中寓居同谷县作歌七首》之中，也一再出现猿啸。

我总觉得，杜甫的精神与魏晋人物是打通的，只是偏向凄苦。

岳飞的《满江红》词云，"怒发冲冠，凭阑处，潇潇雨歇。抬望眼，仰天长啸。"这里的"啸"，不能简单注解为"大声呼叫"。岳飞无疑是懂啸的，我们可以想象，勇武盖世的岳飞，低头猛吸一口气，然后抬头（低头吸气，是"抬望眼"的酝酿阶段），再运用独特的发声技巧，一声雄浑、悲切的啸穿透云层。这才是"长啸"。

《啸旨》里有一篇后序是唐寅写的，唐寅为从没见过善啸之士而感到遗憾。

除此之外呢？我很难想到还有谁。

四

我后来见过一位鸣鹤拳拳师打拳，突然听到他一声鹤啸。我全身毛孔直竖。原来，经过千年岁月流淌，啸进入中国武林。

李小龙在他的习武笔记《生活的艺术家》里絮絮叨叨："习

武之人要破旧立新,就像倒掉桌上的半杯水,才能装上更多的水。"

李小龙的拳法,习的是咏春,属于南拳的一种,亦发源自鹤拳(鸣鹤拳也属于鹤拳的一种)。李小龙的腿法,习的是弹腿,北腿的一种。李小龙融南拳与北腿于一身,然后改拳,加一声怪啸,名曰截拳道。

一个人怎么能走出他的传承?不管李小龙的怪啸叫得有多独特,他也应该知道,中国人的啸已经有千百年历史。

形意拳中也有喝声的练习,称为"雷声"。姜容樵[1]说,现今的北派一支则欠缺雷字,原因是郭云生先生常用它,后因雷声涉俗,才删略不用。形意拳里的出声,将会震动丹田,有助于发劲。

五

在咖啡馆里,我和瞿夫子聊到无话可说时,他低头深吸一口气,抬头,吹了一个长长的口哨,对我说:"这就是啸。"

我大惊。原来如此。

---

[1] 姜容樵(1891—1974),现代著名武术家,尤精通武当、八卦、形意、太极,以及张占魁所创形意八卦拳等内家拳法。

口哨，就是简便的啸，前提是要吹好。

低头深吸一口气，抬头，逆式呼吸，横膈膜下沉，鼓腹，气从丹田出，吹口哨，气息不可断，这一口气，尽量绵长，意念这一口气上彻浮云，这就是啸。

习武之人练啸，是为了练气息。

温州人称吹口哨为"吹啸"。在以难懂著称、保留许多古老基因的温州方言里，"啸"字发"削"（xuē）音。推敲"啸"字在温州方言和普通话里读音的不同，发"削"音时，要把嘴巴噘成圆形，气息过舌唇之间时，要更快更厉，这比发"啸"音时，更具穿透力，更适合在蛮荒茂林之地传递。论啸的品，不在音的高低，当以具备穿透力为佳。温州话中"啸"发"削"音，也是雾气笼罩的东瓯先民留给温州武人的文化密码和暗语。

在这一声绵长的啸中，我看到啸像一支箭，它出自西王母，传至屈原，从西南荆楚蛮荒之地，飞驰到同样蛮荒的东瓯，最后响彻在温州路边深夜的咖啡馆。

为什么是"十步杀一人"?

从战国开始,到三国曹丕,唐朝李白,两人比剑都是十步距离,为什么不是九步或是十一步,自有它的道理。

十步

《侠客行》中那句潇洒的"十步杀一人,千里不留行",取自《庄子·杂篇·说剑》"臣之剑,十步一人,千里不留行"。历代儒生注解,在"十步"处都是草草,认为十步就是十步,非常简单。

清王琦注《李太白全集》,此处曰:"《庄子》:臣之剑,十步一人,千里不留行。司马彪注:十步与一人相击,辄杀之,故千里不留於行也。"说了等于没说。

《庄子集释》注曰:"其剑十步杀一人,一去千里,行不留住,锐快如是,宁有敌乎?司马(彪)曰:一人相击,辄杀之,故千里不留于行也。"[1]还是把司马彪的话抄了一遍。

《庄子集释》注释还继续说："俞樾曰，十步之内辄杀一人，则历千里之远所杀多矣，而剑锋不缺所当无挠者，是谓十步一人千里不留行，极言其剑之利也，行以剑言非以人言。下文所谓行以秋冬是也，司马（彪）云，千里不留於行也，未得其义。"[2]

钱穆先生的《庄子纂笺》在此处注曰："王叔岷曰：'李白侠客行：十步杀一人，千里不留行。'据司马彪注，疑'步'下原有'杀'字。"[3]

金庸武侠小说《侠客行》，灵感正是来自李白这一首《侠客行》。小说里写，《侠客行》每一句都暗藏精妙绝世武功，金庸写到"十步杀一人"这一句时，也只是草草说，"是一套剑法"。

为什么是十步杀一人，而不是九步或十一步？

在剑道馆结束练习，我的剑道老师黄维立卸下盔甲，对我们说，两人对阵，两剑剑尖未碰将碰时的距离，是十步，所以，李白才说"十步杀一人"，李白是真懂剑法！赞叹完李白，黄维立老师淡淡地笑了。

---

1 《庄子集释》，上海书店出版社1996年版，第441页。
2 同上。
3 钱穆：《庄子纂笺》，九州出版社2011年版，第250页。

原来十步是对阵的最佳距离。捅破窗户纸，就差这么一点点。

以日本剑道为例，竹刀约 1.2 米，加上臂长，两人对阵大致十步。顺便一说，在日本剑道中"刀"和"剑"概念混同，所以称剑道、竹刀。

现在通用的龙泉剑，剑身约 1 米。合格的铸剑师，会根据持剑人的臂长确定长度、重心适合的剑。如何选一把与自己身高臂长相称的剑？有一个简单的方法，起势持剑时，剑尖到达耳朵位置就合适，超过耳朵或是未到耳朵位置，就是剑过长或过短了。持 1 米长的龙泉剑，加上臂长，两人对阵，也大致十步。人高臂长的持剑者，与人对阵，比常人的距离略远，但也是他自己的十步。从唐朝开始，剑已基本定型与今无异，持剑对阵的距离，也与今无异。

十步之内，只用上一步挥一剑，就能取胜，而对手也要在十步之内快速做出反击。一瞬间，看谁的速度快、剑法好。

《莎士比亚的动荡世界》收入威廉·冯·斯文纳伯格作于 1610 年的一幅版画——他画了一所击剑学校的场景——西方人用西洋剑决斗的距离，也是大致十步。那一幅画作也传达了莎士比亚时代伦敦开设的众多击剑学校的基本风貌。也就是说，莎翁剧中的决斗也是如此距离，哈姆雷特正是死于十步之内。我不知道历代莎翁剧排练者有无注意到决斗距离这一细节。

1804年7月11日，美国独立战争中的两位俊杰阿伦·伯尔和亚历山大·汉密尔顿在新泽西州维霍肯镇附近一个隐秘地点决斗，根据决斗规则，他们也是在相隔十步远的地方互相用手枪射击。[1]

看来，十步也是以手枪对阵的最佳距离。

《战国策·魏策四》记载，秦国灭掉魏国之后，想以"易地"之名占领安陵，安陵君派唐雎出使秦国，唐雎对秦王说："若士必怒，伏尸二人，流血五步，天下缟素，今日是也。"说完，挺剑而起。秦王色挠，长跪而谢之。文章里的唐雎不辱使命，最终折服秦王。

《战国策》里大部分材料是纵横家之言，不可信。唐雎这个故事，也无异于痴人说梦。根据当时规矩，使臣禁止携带武器上殿，所以这才让刺客藏剑上殿，演绎了许多荡气回肠的刺客故事。如果唐雎确实面见秦王，是无剑可拔的——拔秦王的剑，更是痴人说梦。不过文中的"流血五步"这个细节非常真实，一人一剑，刚好是五步距离。

---

[1] 约瑟夫·J. 埃利斯：《奠基者：独立战争那一代》，社会科学文献出版社2016年版，第1页。

曹丕以甘蔗代剑

曹丕撰写我国最早的文艺理论批评专著《典论》，原有22篇，后来大都亡佚，只存《自叙》《论文》《论方术》三篇。

他在《典论·自叙》说自己武艺如何如何高强：弓马娴熟、剑术高超、双戟厉害。

曹丕应该没有撒谎，他的武学，师承有序，而且都有证人在场。下文提及的曹丕以甘蔗代剑，可谓人证物证俱全。曹丕《感物赋》里曰："南征荆州，还过乡里，乃种诸蔗于中庭。"[1]

《典论·自叙》论剑部分极其精彩有趣——

> 余又学击剑，阅师多矣。四方之法各异，唯京师为善。桓灵之间，有虎贲王越，善剑术，称于京师。河南史阿，言昔与越游具得其法。余从阿学之，精熟。尝与平虏将军刘勋、奋威将军邓展等共饮。宿闻展善有手臂，晓五兵；又称其能空手入白刃。余与论剑良久，谓言将军法非也，余顾尝好之，又得善术。因求与余对。时酒酣耳热，方食甘蔗，便以为杖，下殿数交，三中其臂。左右大笑。

---

[1] 《三曹集》，岳麓书社1997年版，第122页。

展意不平,求更为之。余言吾法急属,难相中面,故齐臂耳。展言愿复一交。余知其欲突以取交中也,因伪深进,展果寻前,余却脚𨂁,正截其颡。坐中惊视。余还坐,笑曰:"昔阳庆使淳于意去其故方,更授以秘术。今余亦愿邓将军捐弃故伎,更受要道也。"一坐尽欢。[1]

曹丕学剑师出名门,"精熟"剑术。他的对手邓展也不简单,"善有手臂,晓五兵;又称其能空手入白刃"。"善有手臂",是指邓展擅长徒手格斗,"空手入白刃"。这也是"空手入白刃"第一次出现在文献上。

"五兵",所指五种兵器时历来说法不一。郑玄认为,步兵五兵为弓矢、殳、矛、戈、戟。范宁曰:"五兵:矛、戟、钺、楯、弓矢。"[2] 郑玄,汉大儒,范宁,东晋大儒,距曹丕都不远,两人所说的"五兵",都不包含剑在内。

汉朝时,剑慢慢退出战争舞台,被更便于砍杀的刀所代替。汉朝时普遍使用环首刀,它是由钢经过反复折叠锻打和淬火后制作出来的直刃长刀,是当时世界上最先进、杀伤力最强的近身冷兵器。

---

[1] 《三曹集》,岳麓书社1997年版,第175页。
[2] 《谷梁传·庄公二十五年》:"天子救日,置五麾,陈五兵五鼓。"范宁注:"五兵:矛、戟、钺、楯、弓矢。"范宁亦是《后汉书》作者范晔的祖父。

曹操曾下《百辟刀令》，让工匠锻刀五把，一把赐予曹丕，另外四把，给"诸子中有不好武而好文学者"[1]，以示督促。曹丕写过一封给友人的书信："仆有剑一枚，明珠标首，蓝玉饰靶，用给左右，以除妖气。"[2] 曹氏父子笔下刀、剑，已经各自走向不同的功能。

在曹丕看来，邓展的武艺以战场实战为主，相比单打独斗的剑术，他应该更精通刀术。而在邓展看来，曹丕是贵公子剑，这和从死人堆里爬出来的自己又怎么能比？两人是不同的走向，面上谈不拢，彼此不服，那就比划比划吧。

酒喝得很开心，又正吃着甘蔗，两个人走下殿，以甘蔗代剑。以甘蔗代剑，就不能使用刀法中的劈、斩，而只能是刺，要不然甘蔗就会断。其实邓展一开始就放弃了自己的优势。

曹丕三次击中邓展手臂，左右大笑。

曹丕说："我的剑快而集中，很难击中你的面部，因此只是打中你的手臂。"邓展不服，要求再来一次。

曹丕知道这次邓展一定会突然向中路猛攻，就假装不经意地向邓展进攻，邓展果然如曹丕所料，猛地冲杀过来，曹丕迅速退步闪过，从上方截击，一下子击中邓展的面部。这一下，

---

[1] 《三曹集》，岳麓书社1997年版，第18—19页。
[2] 同上，第173页。

举座皆惊。

曹丕笑着对邓展说:"从前有一个叫阳庆的,曾叫淳于意全部抛弃已学的,另外再授他秘术,我看邓将军还是把旧技抛弃,接受新的重要的击剑方法吧。"话音刚落,满座欢笑。

在日本剑道中,两人对阵时,最近的也是最容易击打的部位,正是对方的手臂,所以,曹丕才三次选择邓展的手臂作为击打部位。第二轮攻击时,曹丕耍了一个计谋,退步躲开再上前击打面部。

东汉赵晔所著的《吴越春秋》提到"越女剑"。故事说,越女道逢一老翁,自称袁公,两人握竹枝比试。袁公先进攻,越女趁势让他刺了三下(想必越女是迅速退步闪过),随即举竹梢刺击袁公(想必这一击非常凌厉),袁公立即飞跃上树,变为白猿而去。

这个故事不可信,不过我们可以看出,东汉以来人们用甘蔗、竹子代剑比试,避免伤亡,似乎是时代风气。这比先秦时期的"上斩颈领,下决肝肺"[1]已经文明许多了。

把"越女剑"和曹丕、邓展比剑两则故事放在一起,我们会发现,两次比武非常相似,连道具手法,都如出一辙。

研习完剑道,整理刀具时,我常常陷入沉思:现在的我们,还是一遍一遍演练越女、曹丕的剑法,算一算年头,这一

---

1 邱丕相:《中国武术史》,高等教育出版社 2013 年版,第 47 页。

招起码有两千年历史了。

曹丕和邓展,越女和袁公的对阵距离,也应该是十步。

庄子的"后发先至"

收录在《庄子·杂篇》中的《说剑》一文,很多人认为是一篇伪作,是假托庄子之名的策士所著。不管作者是谁,我极爱此文,因为该文论剑极其精妙。《庄子·杂篇·则阳》还提到剑一处极细节的部位——"譬犹一吷"。吷,就是用嘴吹剑首环孔,发出"嘘嘘"之音,天下名利汹汹,不过一吷,非常洒脱。

《说剑》篇里的庄子提到"十步一人"之后,继续说道:"夫为剑者,示之以虚,开之以利,后之以发,先之以至。"

"击剑的要领就是,有意把弱点显露给对方,再以有可乘之处引诱对方,后于对手发起攻击,同时要抢先击中对手。"这说的正是曹丕的剑法。后半句极其重要,这正是武林中行话"后发先至"的出处。

中国武术内外两家的区分,历来众说纷纭。历史上最早出现"内家"两字,是在黄宗羲撰写的《王征南墓志铭》。《王征南墓志铭》云:"有所谓内家者。以静制动。犯者应手即仆。"[1]

---

[1] 平慧善、卢敦基译注:《黄宗羲诗文选译》,凤凰出版社2011年版,第57页。

"以静制动"正是"后发先至"。有些鲁笨的习武者往往不明白"静"何以能制"动",其实换成"后发先至",就简单明了。

我曾与一位剑道高手比剑,我刚想举刀,"啪"的一声,他的剑已经打在我的手上了,我刚一上步,他的剑已陡然封喉。他能看出我进攻的意图,我刚想对他的某个部位发动进攻,自己反而会先吃一剑。

对高手来说,"后发先至"不单单是指动作的"至",也是对方"意念"的先至。据说剑道高手,可以在 0.1 秒内决胜负知生死。

荆轲的无奈刺秦

用剑对敌最合理的方式应该是:十步之内,以静制动,后发先至,一招毙命。但是,在实战中,往往章法大乱,打得很难看,没有一点观赏性,比如说荆轲刺秦。荆轲手持匕首,属于短剑,秦王腰挂长剑,认真说来,两人正是以剑决生死。

读《史记·刺客列传》,我有时候会怀疑,太史公似乎已经看出荆轲进入太子丹设计的局,荆轲原本只想挟持秦王,没想过要取秦王性命,无奈最后局面失控,只能刺秦。

太子丹第一次见荆轲时,就大谈曹沫挟持齐桓公一事,第一选择,正是让荆轲挟持秦王,如果挟持不成,则杀之。

荆轲出发前，太子丹暗暗在匕首上焠了剧毒，还在人身上试验了一下，只要见血，必死无疑。太子丹的意图很明白，他没想过让荆轲安全返回。荆轲只是太子丹的一枚棋子。

荆轲有所待，"其人居远未来"，这留给后人无限猜测：荆轲等待的那人究竟是谁？在我看来，荆轲执意要等待那人，再一次透露荆轲的意图：要刺杀，一人足矣；要两个人合作，就是挟持无疑。

太子丹怪荆轲迟疑，荆轲回应："往而不返者，竖子也！"荆轲说得清楚明白，他要平安回来。这时，荆轲也许已经看出太子丹内心所想，所以他才在易水边悲壮歌唱："风萧萧兮易水寒，壮士一去兮不复还！"就车而去，头也不回。

图穷匕见，荆轲"左手把秦王之袖，而右手持匕首揕之。未至身，秦王惊，自引而起，袖绝"。

这时的荆轲还只是想挟持秦王。假设荆轲已经知道匕首焠上剧毒，又假设荆轲要取秦王性命，荆轲只用匕首在秦王手臂轻轻一划就好，何必要如此大费周章"把秦王之袖，而右手持匕首揕之"。

秦王"拔剑，剑长。操其室（剑鞘）。时惶急，剑坚，故不可立拔。荆轲逐秦王，秦王环柱而走"。左右大呼："王负剑！"

"王负剑"的意思是：秦王佩戴的剑长，用正常的手法不能把剑从剑鞘中拔出，只能连剑带鞘推到后背，才能拔出剑。

秦汉人佩剑，大多采用"璏式"佩剑法。"璏"是用来佩戴和稳固剑体的工具，一般是玉质。长剑佩于腰间时必须要束紧，否则会左右晃动，磕磕碰碰，妨碍行动，用璏式佩剑正好解决这个问题。秦王情急之中拔不出腰间佩的长剑，除了剑太长的缘故，还有可能是剑佩得太高，所以他只能"推剑到背再拔剑"，由于秦王的剑通过璏系在腰上，我也怀疑秦王的剑鞘做不到完全和腰分离。

秦王"遂拔以击荆轲，断其左股。荆轲废，乃引其匕首以擿秦王"——这一掷，是荆轲最后的无奈之举——"不中，中桐柱。秦王复击轲，轲被八创。轲自知事不就，倚柱而笑，箕踞以骂曰：'事所以不成者，以欲生劫之，必得约契以报太子也。'"

很多人以为荆轲最后说的是大话，我却认为他说的是大大的实话。"侠"的本意就是"夹也"——"挟持"。荆轲明知不可为而为之。这虽然是一次很难看的斗剑，但无损荆轲的盖世勇敢和豪壮。

剑不可杖

武士电影《黄昏清兵卫》，故事改编自藤泽周平创作的几篇短篇小说。

电影里,幕府末年下级武士清兵卫妻子病逝,他以微薄的薪俸独自照料痴呆老母和两个年幼的女儿,每日结束工作后都是匆匆回家从不参加应酬,而被同僚们戏称为"黄昏的清兵卫",多少有点瞧不起他的意思。

由于生活所迫,清兵卫衣着肮脏邋遢,同僚对他的着装掩鼻冷笑。这一幕,比我们想象得要严重得多。"武士们特别珍视自己的身份,注意形象,讲究仪表。如江户时代的武士每天早晨起来都要沐浴修面剪指甲,然后用浮石仔细磨光,用节节草擦亮,有的还往头上喷香水。这样既可以保持容光焕发,一旦牺牲,也不致以一具邋遢的遗骸落入敌手,招天下人耻笑。"[1]

黄昏清兵卫与最后的大反派余吾善右卫门决斗之前,有一段意味深长的对话。他向余吾善右卫门坦诚,为了把亡妻的葬礼办得体面,他卖掉祖传的宝剑。这其实就是黄昏清兵卫当掉了武士最后的尊严。

武人拿剑,都讲究礼仪、规矩。《礼记》曰:"进剑者左首。"[2] 意思是,向人进剑时要把剑柄朝左,方便主人用右手接。当然,前提是要双手进剑,以示尊重。电影里没有拍出黄昏清兵卫卖剑的镜头,这是一个巨大的包袱,也是一段灼人的留白,

---

[1] 汪涌豪:《中国游侠史论》,上海人民出版社2016年版,第300页。
[2] 王梦鸥:《礼记今注今译》,新世界出版社2011年版,第18页。

让黄昏清兵卫煎熬到最后时才说。清兵卫卖剑，当然也是双手递出的。

黄昏清兵卫的坦白激怒了对手，再加上他要用小太刀与对手决斗，让对手愤怒起身拔剑。

小太刀又称肋插，是日本底层武士所用的武器，刀身长度只有正常武士刀的三分之二左右。小太刀为宫本武藏所创，武士一般极少以小太刀对敌。这把小太刀，象征卑微的黄昏清兵卫，而对余吾善右卫门来说，这无疑是最大的羞辱。

有评论说，黄昏清兵卫在这一刻还与对手聊天，真是犯傻，他难道忘记了对手屋外横七竖八躺着的死尸吗？那位网友没发现余吾善右卫门和黄昏清兵卫很像吗？黄昏清兵卫其实是和自己在对话，他在自言自语。

杀死余吾善右卫门，其实就是杀死另一个既卑微又骄傲的自己。黄昏清兵卫杖着竹剑回家，这一刻，既是他的救赎——这是藤泽周平武士小说的永恒主题，武艺是小人物最后的救赎——也是他最后的溃败，一体两面。因为——剑不可以杖。

初进剑道馆时，一位好心的同门向我耳语数条道场规矩。"其中最最要留意两条，"他对我说，"一是不要靠墙壁站，二是不要把剑杖在地上。这两条，以最后一条最为要紧，如果不遵守，教练会骂得很凶，会很恐怖！"

黄师平时为人仁义谦和，和我们一起涮火锅、喝啤酒、谈摇滚，可是一上道场，马上变得严格冷酷，让人不寒而栗。黄师曾说过，现在的人大多不守规矩，可是我们上道场了，这短短两个小时，起码要守规矩吧。

剑道课上，身靠墙壁，表示你在喊累要休息，"不能喊累"，是道场规矩。

至于剑杖地上——有一次我真的看到这一幕，一位新手学员无意杖剑在地，黄师看到之后，停止对练，从道场一头快步走到那个学员对面，从面罩里面炸出一句话："把剑拿起来！"全场鸦雀无声，气氛冰冷恐怖。

那场剑道课结束时，黄师卸下装备，和我们正坐相对，他笑笑，摇摇头说："剑怎么能杖呢？杖在地上的，就不是剑了。什么能杖在地上，是哭丧棒。"

此言非虚。《礼记》里有一段，专门说杖有什么用。

> 或问曰：杖者以何为也？曰：孝子丧亲，哭泣无数，服勤三年，身病体羸，以杖扶病也。则父在不敢杖矣，尊者在故也；堂上不杖，辟尊者之处也；堂上不趋，示不遽也。此孝子之志也，人情之实也，礼义之经也，非从天降也，非从地出也，人情而已矣。[1]

---

[1] 王梦鸥：《礼记今注今译》，新世界出版社2011年版，第499页。

古人爱说的"杖剑"中"杖"字，其实是"持"的意思，并非真的"杖剑在地"。《说文》里说，杖，持也。古人也说，"王左杖黄钺"，这里的"杖"是"持"的意思，道理明矣。

《史记》数次提到"杖剑"。《刺客列传》里说，聂政"杖剑至韩"，聂政如果真的是用剑当拐杖，从齐杖到韩，那也太过辛苦，再说了，刺客一般是手持便于携带的短剑、匕首之类，不会如屈子一样"带长铗之陆离兮，冠切云之崔嵬"。

《淮阴侯列传》里说，韩信"杖剑从之"。韩信刚出场时，一身破衣，朝不保夕，不过那柄晃荡晃荡的长剑，倒是非常醒目。和黄昏清兵卫一样，这柄长剑，正是韩信最后的脸面。如果真要给韩信画一幅画的话，让他把剑真的杖在地上，倒也是很适合他的习性。

铸剑师千里难寻

瞿夫子有两路精妙的中国传统剑法，一路是桃花剑，属于峨眉剑法，极其秀美，适合女子练，我没学。另一路是大连环剑，极其凶悍，投我习性，我正在用心研习。

瞿夫子曾提剑叹息，手中剑不可用。他说，现在造的剑，剑格太小，很难用来格挡。另外，剑格太小，手握剑格换剑时也很不方便。开刃的剑，工匠往往会把双刃开到底，这同样不可用。开刃合格的剑，是剑身前三分之一处开刃，用来刺、撩；后三分之二的部分，材质要做得厚一点，用来格挡，不用开刃。如果剑身全部开刃，容易划伤自己，连换剑都很棘手，如履薄冰。

2017年6月，我与瞿夫子在暮色四合中溯瓯江而上。我们像形迹可疑、来历不明的求剑士入龙泉求剑。龙泉剑庄诸位老板，在剑丛中喝茶刷手机。门店后面的铸剑炉，也是做做样子。剑铺中的剑，剑格大多太小。开刃的，也是开到底，如不解风情的女子把旗袍一直撩到脖子口。许多剑，都是追求工艺上的奢华，嵌以珠玉宝石，造型追慕汉唐，却不知汉唐之剑的精华，流于形式。我们空手而回。

2018年春天，瞿夫子门下的洋弟子想铸把好剑，我们就陪同他再入龙泉。我们一行受到各家剑铺老板的热情招待，这完全不同一年前的场景。

一位在当地有名气的剑铺老板看了我们一眼，马上明白来者何人，说："哦，你们是找趁手的。"老板随即拿出一剑一刀，是严格根据古人使用刀剑的规格，用古法制造，一拿在手上，非常趁手，像长在手上一样，用瞿夫子的话说："连口水都流下来了。"无奈价格昂贵，我们又买不下手。

走的时候，我们问老板："网络上为什么都买不到好剑？"

老板笑笑说:"那只是工艺品。"

原来如此。

数年前,我的同事老徐曾采访过一位在温州大罗山做古琴的高人,当时恰逢一位制琴师朋友来访。说到琴如何如何难做时,制琴师朋友搭话道,铸剑也一样,要根据每个人的臂长确认剑最合理的长度和重心。

老徐问,阁下做哪一行?

曰:铸剑师。

现在制琴师杳如黄鹤,铸剑师更是难寻。可恨早年未学剑,罗山错过古铗缘。

赵云与梨花枪及其他

  梨花枪是历史上有名的一种枪法,写入二十四史,出现时间是在宋末。也就是说,罗贯中写赵云,不管是在枪法上,还是武器上,无意之间都穿越了。

一

  《三国演义》第71回,作者对赵云枪法有一番漂亮描写:"那枪浑身上下,若舞梨花,遍体纷纷,如飘瑞雪。"

  少年时的我读到这一句,情不自禁手舞足蹈。可是手舞足蹈过后,百思不得其解:为什么是梨花?难道赵云的枪杆是梨花木做的?

  很多年之后,我有机会看高手舞枪,记忆中赵云这一朵梨花,终于开出答案。

二

三国时代，武将最常见的长武器是矛、槊或长戟。长戟制作工艺相对复杂，在刺旁还加上一小枝，再者，三国时已经出现铁质铠甲，到后来的南北朝时期，大量的甲骑具装出现在战场上，长戟的穿透力不如矛和槊，正在逐渐被淘汰。[1]

矛、槊本是同根生，并没有太大的差别。

后汉许慎在《说文解字》里说："槊，矛也，从木朔声。"槊，还称马矛，还有一个异体字"矟"，可见槊就是矛也。

晚许慎数十年出生的刘熙，在《释名》里，对槊的解释更加详细："矛长丈八尺曰矟，马上所持，言其矟矟便杀也。"

槊与矛的区别是：马上所持长矛，为槊。

据汉魏时期的资料，乌桓、鲜卑等族骑兵都使用槊，因此，抵抗这些族的军队也多善用槊的骑兵。[2]

《南齐书·魏虏传》记载，公元495年，北魏孝文帝拓跋宏率军至寿阳。"军中有黑毡行殿，容二十人坐，辇边皆三郎曷刺真，槊多白真毦，铁骑为群，前后相接，步军皆乌楯槊，缀接

---

1 杨泓：《中国古兵器论丛》（增补本），中国社会科学出版社2007年版，第255页。
2 同上。

以黑虾蟆幡。"

这是一段需要费点笔墨解释的古文。

《汉书·百官公卿表》载:"郎中令,秦官,掌宫殿掖门户,有丞……郎掌守门户,出充车骑,有议郎、中郎、侍郎、郎中,皆无员,多至千人……郎中有车、户、骑三将,秩皆比千石。"三郎指车郎、户郎、骑郎。

北魏卫士称"曷刺真",有些写成"曷剌真",误。

毛饰曰牦[1],牦有多种用途,可以作为军中符节之代称,所谓旄(髦)节是也,也可以当做头盔和弓槊上的装饰。[2]刘备就特别擅长"结牦",[3]且有精兵曰白牦兵,其统帅很可能是陈到。[4]至于刘备精兵白牦兵的牦插哪里,史家也不确定。北魏离三国并不久远,综合"槊多白真牦"这条史料,我倾向于认为白牦是绑在槊上,刘备的白牦兵,就是拿着持白牦槊的精兵,目的是为了区分开其他槊兵。

乌楯槊待考,只能很无奈地说一句,是古代槊的一种。

北魏,游牧民族建国,他们明白骑兵的凶猛,骑兵用槊,甚至给步兵也配置了槊。

---

[1] 《御览》卷三四一引服虔《通俗文》。
[2] 《后汉书·西南夷传》注引:"顾野王曰:牦,结毛为饰,即今马及弓槊上缨牦也。"
[3] 《三国志·蜀书·诸葛亮传》注引《魏略》。
[4] 田余庆对此有详细的论述,见田余庆《诸葛亮〈与兄瑾论白帝兵书〉辩误》,此文收入田余庆著作《秦汉魏晋史探微》,中华书局 2020 年版。

三

槊，冲杀凶猛，穿透力强。它在中原的流行，无疑是受到外族游牧民族的影响。

"槊"字，读音也很好听。挺槊透铠甲，"朔朔"有声，非常过瘾。

曹孟德横槊赋诗，何其潇洒。

三国公孙瓒，一方诸侯，镇守辽西，白马义从，弓马娴熟，与胡人战。

《三国志·公孙瓒传》记载，公孙瓒曾和数十骑出行塞，遇见鲜卑数百骑，公孙瓒对随从说："今不冲之，则死尽矣。"公孙瓒乃自持矛，两头施刃，驰出刺胡，杀伤数十人，亦亡其从骑半，遂得免。

这是一场残酷的战争。《三国志》特意提到公孙瓒的兵器，马矛，那就是槊无疑，公孙瓒还对他的槊做了改装，"两头施刃"，可谓是改装达人。

公孙瓒和随从使用的"冲杀"法，正是最常见、最直接的槊法。

赵云本属公孙瓒，应该也是拿槊。前文提到的刘备精兵白毦兵统帅陈到，往往与赵云并称，据杨戏《季汉辅臣赞》及注：

陈到，字叔至，汝南人。"自豫州随先主，名位常亚赵云，俱以忠勇称。建兴初官至永安都督、征西将军，封亭侯。"这或许也可以看成赵云持槊的一条旁证。

四

"枪"字，几乎不见于《三国志》《后汉书》。也就是说，罗贯中写赵云，在武器上，无意之间穿越了。

唐宋以后，枪开始普及，枪花开始密集闪现于史书。唐秦琼、宋岳飞都以使枪出名。《旧唐书》说，秦琼"跃马负枪"，《新唐书》说，秦琼"跃马挺枪"。你一定会说，秦琼不是拿双锏吗？这里我要多说几句，锏，是近身武器。武将的标配是长兵器一把，近身佩剑或佩刀一把。长短搭配，方便杀敌。道理很简单，正如手枪是近身武器，你总不至于只拿一把手枪上战场。

《三国志·关羽传》说，关羽"策马刺（颜）良于万众之中"——可见关羽拿的也是矛、槊刺杀类的长兵器，然后抽出随身佩剑或佩刀，"斩其首还"。

盲诗人荷马在他的《伊利亚特》里吟唱：

埃托利亚人托阿斯一标枪击中回退的

佩罗奥斯乳上面的胸膛，铜尖刺中肺里；

托阿斯走到他身边，把强劲的矛头拔出

他的胸膛，再随手抽出一把利剑，

戳进他的肚皮，夺走他的性命。[1]

古希腊英雄们屠杀对手的手法与关羽杀颜良如出一辙。[2]

在战场上，武将随身长兵器脱手，是第一大忌。那表示，你已经出局，离黄泉路已经不远。不过，古希腊战场上投掷飞翔的标枪，属于箭阵范畴，另当别论。

五

严格追究起来，枪与矟、矛之间，也无多大区别。

宋代高承编撰的《事物纪原》称：枪，"唐羽林所执，制同矟"。尉迟敬德善用矟，但在唐代笔记小说集《隋唐嘉话》中，唐太宗说："公用长枪相副。"[3]

---

[1] 《罗念生全集》（第五卷），上海人民出版社2007版，第105页。
[2] 《三国演义》第25回，关羽斩颜良后，"忽得下马，割了颜良首级，拴与马项之下，飞身上马，提刀出阵，如入无人之境"。于千军万马之中如此操作，难度系数颇大，《三国志平话》的说法或许更为合理，关羽不用下马，"一刀砍颜良头落地，用刀尖挑颜良头"。
[3] 邱丕相：《中国武术史》，高等教育出版社2008年版，第70页。

北宋官修的《武经总要》里，画了短刃枪、短锥枪、抓枪、蒺藜枪、拐枪的样式，却已不见矛、槊。我认为，经过长久的厮杀，矛、槊、枪三者之间的细微差别日益模糊，如槊上的白耗过渡为枪上的红缨，矛、槊最后都并入枪类兵器，统称为枪。

用来做枪杆的木料，也很讲究。明朝戚继光认为，首选稠木。

戚继光说："枪杆，稠木第一，合木轻而稍软，次之。要劈开者佳，锯开者纹斜易折，攒竹腰软，不可用。"[1]

稠，是一种遇寒不凋的树，木质重而坚，耐久不蛀。可以想象，用汗水"养"久之后，黑亮如铁，真是好木头也。

习武之人有养棍之说。舞棍之后，抹汗在棍上，首先让汗水滋润棍身，可以防止棍身开裂，其次让棍有主人的气息，人棍一体，是为养棍。枪、棍，同出一门。

合木是坚密的木材，轻而稍软，戚继光认为，比稠木次一等。

"要劈开者佳，锯开者纹斜易折"。意思是，取枪杆用料时，要整条劈开，从树木中间取，最佳；如锯开取料，木料有纹斜，

---

[1] 戚继光：《纪效新书》（十四卷本），中华书局2001年版，第94页。戚继光共有两个版本的《纪效新书》（十四卷本和十八卷本）留传于世，十四卷本为戚继光晚年作品，相对而言更为精当。

容易折断。

攒竹，是削竹胶合，腰软，不可用。

明朝女将秦良玉，所部号"白杆兵"，可见是用白蜡木做枪杆。

白蜡木常见，好就地取材，木质坚而不硬、柔而不折，具有较好的弹性。现在用于表演的武术枪械，多数使用白蜡杆。

秦良玉的"白杆兵"，手握不重的长枪，适合突袭、夜袭。《明史》记载，秦良玉就是以突袭见长。

相比来说，手握重而坚的椆木枪杆的戚家军，是正规军配置。而秦良玉的"白杆兵"，充其量只是民间武装配置，后者也多了一份悲壮与无奈。

秦良玉的枪法是梨花枪吗？《明史》没有细说。秦良玉比戚继光迟五十多年出生，所以，她没能在戚继光的《纪效新书》里留名。

六

在中国历史上，力气大的人会拿全铁打造的长枪，这就属于重兵器的范畴了。用孙悟空的话说，木枪杆"轻、轻、轻，不趁手，不趁手"！

《新五代史》记载,后梁名将王彦章:"为人骁勇有力,能跣足履棘行百步。持一铁枪,骑而驰突,奋疾如飞,而佗人[1]莫能举也,军中号王铁枪。"[2]

宋末草莽李全,潍州北海农家子。《宋史·叛臣·李全传》上说,李全"头蜂目,权谲善下人,以弓马趫捷,能运铁枪,时号'李铁枪'"[3]。

"趫","矫健敏捷"意,在古代是常用字,汉张衡在《西京赋》里两次提到"趫"字。清蒲松龄在《聊斋志异·金生色》写道:"见一人趫捷如猿,竟越垣去。"

"趫"字,在"矫健敏捷"之中也有"壮盛"意。《吕氏春秋·悔过》记载了先秦名臣蹇叔劝秦缪公的一句话:"袭国邑,以车不过百里,以人不过三十里,皆以其气之趫与力之盛,至,是以犯敌能灭,去之能速。"《吕氏春秋集释》里的注释曰:"趫,壮也。故进能灭敌,去之能疾也。"

遗憾的是,"趫",这个穿越了一两千年、数十个朝代又如此之好的常用字,没有被收进通用的《现代汉语词典》里。我只能遥想拿着铁枪,还能趫捷如飞的李全,是何等的雄壮。

不过,有数百年前的王彦章在,李全那一根铁枪,只能屈

---

[1] 佗人,意思是别人。
[2] 欧阳修:《新五代十史》,中华书局2007年版,第347页。
[3] 脱脱等:《宋史》,中华书局1997年版,第13817页。

居老二位置。

七

李全雄踞山东，往来于宋、元、金之间，耍花腔，想通吃三家。每年向元供奉的东西不缺少，表面上又恭顺宋朝，以便得到宋朝的钱粮，宋朝为了减少北方忧虑，不停地给李全发军饷。诡诈反复，只为粮草。

李全先抗金，再抗元，最后降元，与宋鏖战。最后，李全坐骑陷进泥塘不能出来，被宋兵三十多枝长枪一齐乱刺而死。李铁枪的遗言是："无杀我，我乃头目。"[1]

草莽杨安儿妹四娘子，也是使枪高手，"狡悍善骑射"，杨安儿被斩首之后，杨安儿旧部就被李全兼并，四娘子和李全通好，最后就嫁给了他。《宋史》不屑记录这位草寇婆娘的名字，只称四娘子、杨氏。传说名唤杨妙真。

杨妙真也只是一个嫁鸡随鸡、嫁狗随狗的角色，和丈夫李全一起反反复复。李全兵败，大势已去，杨妙真环顾左右说："二十年梨花枪，天下无敌手，今事势已去，撑拄不行。汝等未降者，以我在故尔。杀我而降，汝必不忍。若不图我，人谁纳

---

1 脱脱等：《宋史》，第 13848 页。

降？今我欲归老涟水，汝等宜告朝廷，本欲图我来降，为我所觉，已驱之过淮矣。以此请降可乎？"众曰："诺。"[1] 杨妙真最后死在山东。

这就是梨花枪的传奇。梨花枪，第一次在历史的长河中闪现。

八

明朝，梨花枪名震天下。

戚继光对梨花枪也是推崇备至。戚继光说：

> 枪法之传，始于杨氏，谓之曰"梨花"，天下咸尚之。妙在乎熟，熟则心能忘手，手能忘枪，圆神而不滞。又莫贵于静也，静则心不妄动，而处之裕如，变化莫测，神化无穷，后世鲜有得其奥者。[2]

"圆神不滞"，出自北宋理学家张载之口。张载说，如果能掌握变化的规律，那么就能使"心神圆满没有任何障碍"，真理

---

[1] 脱脱等：《宋史》，第13850页。
[2] 戚继光：《纪效新书》（十四卷本），中华书局2001年版，第94页。

的通达与内心的品德操守相应,与天的德能相应。[1]

到明朝,"圆神不滞"似乎成为常用语,与戚继光同时代的吕坤在他的《呻吟语》一书中也提到"圆神不滞":

> 孔子者,合十圣于一身,萃万善于一心,随事而时出之,因人而通变之,圆神不滞,化裁无端,其所自为不可以教人者也。[2]

署名为刘基所著的术书《黄金策》说,看阴阳五行境界高的人,也可以"圆神不滞":

> 事有百端,理无二致,潜心玩索,若能融合贯通,据理推占,自得圆神不滞。[3]

我不大相信《黄金策》真的是由刘基所写,不过通过"圆神不滞"这一用词,我们似乎可以推测《黄金策》的写作时间确实

---

[1] 张载《正蒙》曰:"致曲不贰,则德有定体;体象诚定,则文节著见;一曲致文,则余善兼照;明能兼照,则必将徙义;诚能徙义,则德自通变;能通其变,则圆神无滞。"见《张载集》,中华书局2012年版,第31页。
[2] 王国轩、王秀梅:《呻吟语正宗》,华夏出版社2014年版,第408页。
[3] 刘伯温:《黄金策》,中国广播电视出版社2015年版,第494页。

是在明朝。

这几处"圆神不滞",我最喜欢的还是戚继光用它来形容枪法,高手舞枪,"圆神而不滞",宛如圣人境界,随心所欲不逾矩,雍容华贵、从从容容。我想,假使张载真能知道,五百年后戚继光用他原本形容人生境界的话来形容枪法,他一定也是非常开心的。史载,张载少时喜谈兵,当时宋代西部边境常受到西夏割据势力的侵扰,张载曾计划联络一些人组织武装力量夺回洮西,他还写信给当时陕西招讨副使范仲淹,讨论边防问题。

九

明徐渭有《侠客》一诗,曰:

结客少年场,意气何扬扬。
燕尾茨菰箭,柳叶梨花枪。
为吊侯生墓,骑驴入大梁。[1]

茨菰,又称慈姑,多年生草本植物,生在水田里,叶子像

---

[1] 《徐渭集》,中华书局 2015 年版,第 97 页。

箭头，开白花，又名燕尾草。"燕尾茨菰箭"中的前四字，都是用来形容箭的形状如茨菰叶。

"柳叶梨花枪"句，可以有两种解释。在北方拳法中，拇指扣紧，其余四指伸直，掌似柳叶，称"柳叶掌"。不过，根据徐渭诗上一句的句式，更合理的解释是，"柳叶梨花"都是用来写枪，柳叶，形容枪头的形状。

梨花枪刺近，弓箭射远，远近皆可取人性命。看得出来，箭、枪是徐渭心目中侠客的完美配置。

徐渭一生，最重要的政治事件是成为胡宗宪的幕僚，投入抗倭战争，最终也卷入胡宗宪案。徐渭在献策里自称："生平颇阅兵法，粗识大意。"[1] 看上去自谦，实际上徐先生内心自负得很。袁宏道在《徐文长传》里说："自负才略，好奇计，谈兵多中，凡公(指胡宗宪)所以饵汪(直)徐(海)诸虏者，皆密相议然后行。"[2]

徐渭身为胡宗宪幕僚，和戚继光、俞大猷都有交往，给他们赠过诗。所以，徐渭才会如此熟悉梨花枪，把梨花枪写入诗中。

实际上，长枪是军队的标配，侠客是佩带便于携带的刀

---

[1] 《徐渭集·拟上都督府书》，中华书局2015年版，第465页。
[2] 袁宏道：《徐文长传》，见《徐渭集》附录。

剑，剑也以轻剑为主，方便刺杀。侠客手握长枪行走江湖，颇为不便，如果真是那样的配置，那也只能是流寇了。徐渭终究是一名策士，不熟悉江湖故事，在诗中给侠客误配了梨花枪。

细细品读徐渭《侠客》这首诗，表面上的潇洒豪情会突然褪去，浮上来的是苍凉悲壮。我为徐渭动容，当然也要原谅他在梨花枪上的小小失误，不能像有考据癖的腐儒一样，死死揪住徐渭先生的衣领不放。

十

戚继光每见人用枪，圈串大五尺，他在钱塘江边看唐顺之舞枪，圈仅一尺，大为惊骇，连忙请教。[1]

唐顺之说："人身侧形只有七八寸，枪圈但拿开他枪一尺，即不及我身膊可矣。圈拿既大，彼枪开远，亦与我无益，而我之力尽难复。"[2]

唐顺之描述了实战中两枪交会时的场景。实战时，以侧身对敌，人侧身只有七八寸，他枪过来时，我只用把他枪荡开一

---

[1] 唐顺之的枪圈一尺，确实厉害。明末使枪名家石敬岩自夸枪术，也是"三尺枪圈"："我身前三尺枪圈子中，蝇蚊不能入。"见《手臂录》。王云五主编：《啸旨·角力记·学射录·手臂录》，第27页。
[2] 戚继光：《纪效新书》（十八卷本），中华书局2001年版，第165页。

尺，不让他枪碰到我身膊就可以了，若荡开太远，如五尺，于我无益，自身消耗的力量也难恢复。

这是极其精妙的一段话。脱枪为拳，赤手肉搏，也是同理。

戚继光深感"此说得极其精"，又问道："如此一圈，其工如何？"

唐顺之说："工夫十年矣。"

十一

初练枪法时，枪花可以打得大一点，然后越打越小，如唐顺之所说，十年工夫，枪圈一尺。练到精妙时，白刃流转，枪圈小如梨花片片。如此，才如罗贯中形容："那枪浑身上下，若舞梨花，遍体纷纷，如飘瑞雪。"

把枪花练成一点，正是子弹的运动轨迹，那样，刺中敌人恰似闲庭信步。

这就是梨花枪。

"天下咸尚之"的梨花枪，也就这样自然而然地被明初的罗贯中写在《三国演义》里，用在了赵云的身上。这也符合当时的历史真实。

还有一个佐证，《三国演义》的雏形，刊发于元时的《三国志平话》，只说赵云使一条枪，名曰"涯角枪"，海角天涯无对的意思，并没有提及梨花枪。[1]

写长篇小说，就是一场长途跋涉的过程，也就是逐步神化的过程。在《三国演义》上半部分，赵云的枪法极其简单直接，都是"一枪刺落马下""一枪刺死"之类的描写，干净利落，到了第71回，罗贯中情不自禁对赵云一番枪赞，终于，赵云在梨花枪赞中成神。

实际上，"一枪刺落马下""一枪刺死"，才最接近实战。

十二

《手臂录》作者，明末清初的吴殳说："枪旧有杨家、马家、沙家之名，然文章家莫或留意于小技，而精于枪者大抵无文，故不能考杨、马、沙为何人。"[2] 吴殳所说的"小技"，是指徒手技击术。杨家枪，即梨花枪。明末清初的吴殳已经不识杨妙真，又或者说，他并不认为当时所见的梨花枪，是出自杨妙真之手。

枪谱《大梨花枪图说》的作者认为，梨花枪出自赵云[3]，那是直接对演义"拿来主义"，当然有拉虎皮、以壮行色的嫌疑；

---

[1] 钟兆华：《元刊全相平话五种校注》，巴蜀书社1989年版，第421页。
[2] 王云五主编：《啸旨·角力记·学射录·手臂录》，山西科学技术出版社2012年版，第213页。
[3] 程人骏、傅秀山、金恩忠：《大梨花枪图说·捷拳图说·实用大刀术》，山西科学技术出版社2012年版，第3—7页。

其流传谱系为三国赵云→唐末刘康→宋李全(枪谱云,因为李全曾为盗,弟子讳言之,乃托为杨家)→清张安邦→刘海龙。刘海龙传下《大梨花枪图说》枪谱。

史载,李全、杨妙真曾入驻扬州,春风得意。现在扬州当地还流传梨花枪法。"不过扬州武林似乎出于对梨花枪的宠爱,总习惯称之为'大梨花枪'!"[1] 至于扬州当地人习的大梨花枪,是否就是当年杨妙真的枪法,谁知道呢?

老舍曾习过武,也是真正"懂"武的,他在短篇小说《断魂枪》里写了很多地道的武林行话。《断魂枪》说:"月棍年刀一辈子枪,不容易见功夫!"

唐顺之说,十年练成枪圈一尺。那练成之后接下来怎么做?接下来是要练一辈子枪。

曾经,有一路凶猛的北方枪法传到温州,名唤"五虎断门枪","断"和"夺"读音相近,"门"和"魂"读音相近,这四个字可以在名称中随意组合搭配。所以,流传温州的这路凶猛的北方枪法,很可能就是老舍小说中的"五虎断魂枪"。

"断魂"或"夺门",好理解,形容枪法凶猛,轻易取人性命。

为什么是"五虎"?大道至简,把枪法简化,最基础的就

---

1 王资鑫:《绿杨武踪》,广陵书社 2008 年版,第 59 页。

是只有五招——拦、拿、扎、拖枪、回马。五招，就是"五虎"。

拦、拿为防御性动作。双手握枪使枪尖向左下方划弧，以拦截对方外侧攻来之器，为拦；使枪尖向右下方划弧，以截拿对方内侧攻来之器，为拿；扎，就是刺。拖枪和回马，功夫片里多见，不用我再解释。五招之中，拦、拿、扎三招是基础中的基础。

拦、拿绕行弧度不宜太大。这，唐顺之有言在先。如何做到拦、拿绕行弧度不太大？唐顺之和戚继光都是有意或无意不说。

练习拦、拿、扎三招，分上中下三势，上段是双手举枪，中段拦、拿要贴紧胸口，下段拦、拿要贴紧腹部。如此练习，假以时日，枪花自然越打越小。

梨花枪也罢，五虎断魂枪也罢，说到底，也不能太看重花架。真正的习武之人，关起门练的，就是这几招简单的对敌勾当。

入室弟子好不容易从师父处听到绝招，往往会大失所望。绝招一说破，就是这么简单。

很多绝招，就是基本功。枪法嘛，就拦、拿、扎，一天扎一千下。认真的日本剑道师，每天素振一千下。素振是指重复的劈刀练习，主要是练习两臂力量以及挥刀时身体姿势的正确性。

大师关起门来练的，也都是基本功。

黄飞鸿公开教的拳是虎鹤双形，拳漂亮好看，所谓的"吃饭拳"，好收学费；他关起门来苦练铁线拳，双手练成两条铁棍一样，别人怎么和他打？

杨露禅一代宗师，公开教的是杨氏太极套路，关起门来苦练抖大杆，练出无量内劲，别人怎么和他打？

杨露禅抖大杆，其实就是枪法。

我从老师那里学到两种抖法。一种是站立，双手一阴一阳平举4米长白蜡杆，后手绷直，用前手抖杆，体会杆头——其实也就是枪头——的抖动，体会力的运行。另一种是马步，刺。一天抖几十下，汗出如雨，气喘如牛。

易筋经与武学及其他

托名达摩所创的易筋经,是一门颇为神秘的内功心法,在民间流传了数百年。一个基本的事实:《易筋经》是明清时期由民间内家高手所创,顺势托名为"少林秘籍"。《易筋经》秘籍开始流传江湖的明清之际,正是少林武术盛名之时,也正是内家拳发端、盛名、席卷武林之时,三者在时间上重合。

一

金庸在《天龙八部》里第一次写到易筋经,是在阿朱和萧峰的一次谈话之中。

阿朱说,慕容博和慕容复论谈天下武功,她在边上斟茶,所以听到了几句。当时,慕容博说,少林七十二绝技,自然各有精妙之处,但克敌制胜,只须一门绝技便已足够,用不着七十二绝技。

萧峰插话道:"慕容前辈所论甚是。"萧峰的降龙十八掌,至刚至阳,鬼神不惧,少室山一役,以一对三,与丁春秋、慕容复、游坦之对决,真乃江湖一大快事。萧峰对慕容博这句"只须一门绝技便已足够",深有同感。

慕容复道:"王家舅母和表妹就爱自夸多识天下武功,可是博而不精,有何用处?""博而不精"是慕容复武学的最大破绽,从他自己口中说出,言下之意,自己绝没有这个问题。

知子莫若父,慕容博接着慕容复的话说道:"说到这个'精'字,却又谈何容易?其实少林派真正的绝学,乃是一部《易筋经》,只要将这部经书练通了,什么平庸之极的武功,到了手里,都能化腐朽为神奇。"

金庸先生在《天龙八部》里说,易筋经是达摩老祖所创。

阿朱后来从少林寺菩提院中偷出《易筋经》,原本是想在慕容博老爷坟墓前焚化,偿他老人家一番心愿,现在她和萧峰相恋,自然就把《易筋经》送给萧峰。

萧峰打开一看,暗叫:"不好!"原来是用梵文所写,他看不懂,就留在身边,并不在意。最后,这本武学秘籍才被游坦之所得。

聚贤庄少庄主游坦之(后来化名为庄聚贤)是一个悲剧人物。聚贤庄一战,游坦之的父亲游驹被他夺去圆盾后自杀身亡,游坦之踏上漫漫复仇之路。游坦之机缘巧合,修炼易筋经,偶然机会又练成了冰蚕毒掌,成为一名武林高手,最后是跳崖身亡。

游坦之,一点都不"平坦",就像《笑傲江湖》里拥有祖传《辟邪剑谱》的林平之一样,一点都不"平之"。游坦之和林平之,是两个可以对观的悲剧人物。

在传统中国人潜意识里,"神器(技)"都散发着不祥之气。

二

金庸作品常常有其历史背景,可是在此处——达摩老祖创易筋经——容我说一句实话,金庸大侠是"以讹传讹"了。

留存在世的几个版本《易筋经》秘籍,都有一篇唐代名将李靖写的序言,内容大同小异,叙说《易筋经》来历,说是达摩在少林时传于门人,从此开始流传于世。

这篇署名李靖的序言,漏洞百出,绝非他亲笔所作,无疑是后人托名。这在武术史领域已是定论。在这一篇序言中,还提到徐洪客于海上遇圣僧,习得易筋经,徐洪客授于虬髯客,虬髯客再授于李靖。虬髯客是唐宋传奇中的虚构人物,这条师承脉络,荒诞不经。

武术史专家唐豪先生首先发现,托名李靖所写的这篇序言中，达摩与门人询答之语，"脱换"自《景德传灯录》，连口吻都很相似。

《景德传灯录》记载，达摩在少林寺面壁九年，预返天竺，让门人"各言所得"。达摩分别说，汝得吾皮，汝得吾肉，汝得吾骨，汝得吾髓。得达摩精髓的，正是后来的禅宗二祖慧可，达摩就传衣钵和四卷《楞伽经》给慧可。[1]

托名李靖所写的《易筋经》序言，起首也是说，达摩面壁于少林寺，一日让门人"各言所知"，"众述其进修"，达摩曰："某得吾皮，某得吾肉，某得吾骨，惟慧可能得吾髓"——到此，《易筋经》序文几乎就是照抄《景德传灯录》。

《易筋经》续道，达摩只履西归，面壁处石碑被风雨所坏，寺僧修葺时，得一铁函，无封锁，有合缝，百计不能开。一僧人悟曰，必是胶漆所固，可用火烧。寺僧遂烧胶漆开铁函，得二经，一曰《易筋经》，一曰《洗髓经》。[2] 相比《景德传灯录》里达摩授慧可衣钵和《楞伽经》的磊落坦然，此处的达摩授《洗髓经》和《易筋经》，也显得太"含蓄"了。

唐豪先生认为，"易筋""洗髓"脱换自《景德传灯录》里"皮肉骨髓"之说，确是真知灼见。

---

[1] 道元：《景德传灯录》，海南出版社 2017 年版，第 49—50 页。
[2] 唐豪在《少林武当考》中引用了这篇序言，见《少林武当考·太极拳与内家拳·内家拳》，山西科学技术出版社 2011 年版，第 36—39 页。

易筋经与武学及其他

实际上，少林武术之盛，始于明朝。少林武术的发端在实际层面与达摩无关。武学秘籍《易筋经》也就当然非达摩所创。其实，还有一个证据，《旧唐书》[1]和《景德传灯录》[2]都说达摩遇毒而卒。达摩，极有可能并不懂武。

三

从明嘉靖年间开始，《易筋经》书本开始流传。

唐豪先生藏有三个版本《易筋经》：道光三年隐斋版、光绪甲午善成堂版和光绪戊戌金陵全记版。前两个版本有李靖序，两序内容相同。后一个版本，只有图说而无序跋。

我藏有另一版本的《易筋经》，名为《全图易筋经》，是2005年名为李真的人根据大文堂藏宣统三年版本重新整理标点，影印于温州妙果寺。妙果寺是东瓯著名古刹。这本署名为达摩的奇书，影印于妙果寺，也可谓名正言顺乎？

我这本薄薄的《全图易筋经》，署名达摩，高要梁士贤作序。不知这梁士贤是何许人也，序文只有短短几十字，只一句说"易筋经"由达摩所创，其余事皆不书。也许，到宣统年间，易

---

1 刘昫：《旧唐书·方伎》，中华书局1956年版，第1354页。
2 道元：《景德传灯录》，海南出版社2017年，第51—52页。

筋经是否真是由达摩所创，大家都已心知肚明。

这并不奇怪。许多标榜出自少林的高深功夫，最初并非出自少林。

举一个例子。现在名震武林的少林棍法，也并非出自少林。1561年（嘉靖辛酉年）[1]，名将俞大猷路过少林寺，看完少林僧人演示的少林棍法之后，很是失望，发现"此寺以剑技[2]名天下，乃传久而讹，真诀皆失矣"。他就从少林寺中带走两名少勇僧人，一曰宗擎，一曰普从，一起南征北战。三年之间，俞大猷对两名僧人"谆谆示之"，两名僧人"皆得其真诀"。两名僧人回到少林寺后，再把俞大猷所习的棍法传入少林寺。俞大猷所习的"荆楚长剑"棍法，就自然而然融入少林而形成少林棍法。[3]

俞大猷传棍入少林寺之后，有一名唤程冲斗[4]的人，述其所学，自称少林嫡传。程冲斗师从寺僧洪纪、洪转、宗相、宗

---

[1] 《新建十方禅院碑》云"嘉靖辛巳年"，当为"嘉靖辛酉年"，见俞大猷：《正气堂全集》，福建人民出版社2007年版，第617页。
[2] 俞大猷称棍术为剑技，历来说法不一。
[3] 此事见《新建十方禅院碑》《诗送少林寺僧宗擎有序》《剑经并序》，见俞大猷：《正气堂全集》。
[4] 程宗猷（1561—1636），字冲斗，四川新都人，明代著名武术家，有《耕余剩技》一书流传后世，包括《少林棍法阐宗》《单刀法选》《长枪法选》《蹶张心法》四个部分，是享誉武林的一本名著。

易筋经与武学及其他　　59

岱。[1]另据吴殳《手臂录》记载，洪记(纪)师为刘德长，而刘德长，"初本少林僧，枪未造极，复遍游天下，而后特绝"，所学也是来自民间。[2]少林武术来自民间，又传向民间，是不争的事实。

少林棍术和易筋经，两者流传时间和轨迹极其相似，都是来自明清之际的民间。来自民间的易筋经和少林棍法，传入少林，成为少林不传秘籍——按照少林寺的说法，少林棍法源自紧那罗王，易筋经来自达摩，这当然是托名——央视拍摄制作的《功夫少林》纪录片里说："1500年来，少林寺一直是中国人的功夫传奇，易筋经这门武术绝学在少林寺传承了千百年。"现在少林寺里研习此绝学的武僧，对此深信不疑。

需要指出的是，《易筋经》秘籍开始流传江湖的明清之际，正是少林武术盛名之时，也正是内家拳发端、盛名、席卷武林之时，三者在时间上是重合的。

一个基本的事实：《易筋经》应该是明清时期由民间内家高手所创，[3]顺势托名为"少林秘籍"。

当然，我说易筋经和少林棍法并非出自少林，丝毫不会有损少林名声，正如取海水一瓢，不损大海之宽广。少林，正如

---

[1] 程宗猷：《少林棍法阐宗》，山西科学技术出版社2006年版，第13页。
[2] 王云五主编：《啸旨·角力记·学射录·手臂录》，第211页。
[3] 有一种说法认为，《易筋经》的作者是天台紫凝道人宗衡。紫凝道人来历神秘，显然也是一个托名。

大海处下，百川汇流，蔚为大观，让人望洋兴叹。

四

温州，东南边陲，以能挣钱知名。而少为外人所知的，温州也是武术重镇，民间习武风气兴盛。内外两家，都在温州广泛流传。

明末清初思想家黄宗羲撰文的《王征南墓志铭》起首部分说道：

> 少林以拳勇名天下。然主于搏人。人亦得以乘之。有所谓内家者。以静制动。犯者应手即仆。故别少林为外家。盖起於宋之张三峰。三峰为武当丹士。徽宗召之，道梗不得进。夜梦玄帝授之拳法。厥明以单丁杀贼百余。三峰之术，百年以后流传於陕西，而王宗为最著。温州陈州同从王宗受之，以此教其乡人。由是流传于温州。[1]

这也是"内家"两字最早出现在文献资料上。

黄宗羲认为，内家拳的特点就是"以静制动，犯者应手即

---
1 《黄宗羲诗文选译》，凤凰出版社 2011 年版，第 57—58 页。

仆（也就是'后发制人'）"。黄宗羲明确提到"温州陈州同从王宗受之，以此教其乡人。由是流传于温州"，这句话也证明了内家拳在温州的传承已有数百年历史。

一般说来，练筋骨皮，练成铜头铁臂的，以主动进攻为特点的，属于外家；练习五脏六腑，注重呼吸，以防守反击为主要技术特点的，属于内家。内外家的区分，并无孰优孰劣之评，只是修炼理念的不同。因此，真正的武者，理应内外兼修，方能有成。说到易筋经，正是属于内外兼修的心法。易筋经后来在由陈州同开创的温州这块宝地上流传，也可谓渊源有自吧。

研习易筋经的近现代温州人，据我所知，名见经传的就有两位：郑曼青和赵闻起。

郑曼青少时有软脚风痛病，习易筋经而愈，又曾患肺病，吐血咳嗽不止，习太极拳而愈。同练易筋经和太极拳，当然非常奇妙，如果郑曼青所言非虚，这需要旷日持久的练习，可见郑曼青的执着与耐性。

抗战时期，郑曼青在重庆应英国大使之邀当众表演武术。郑曼青伸臂舒掌，请大家用力猛斫，英国大力者安君和蒲君轮流上前斫郑曼青手臂数十下，郑曼青好像一点事也没有，蒲君能说中国话，叹曰：君之臂是铁否？蒲君不会知道，郑曼青一双铁臂，正是通过长年研习易筋经得来的。

1965年,郑曼青赴美,客居纽约,创办太极拳学社,广授生徒,据说直接间接从学研习者不下数万人。就这样,郑曼青也把易筋经这门绝技流传海外。

赵闻起何许人也?据他自己所说:"少年慕道,及长从军,官校炮科毕业,及至奉任蒋公侍从组长,随扈遍游名山大川,暗中救人绝处逢生九命。"他是蒋介石身边身怀绝技的"大内高手"。竟然有两位精通易筋经的温州人同时出入蒋府,想想也挺有意思的。

五

易筋经该如何研习?

金庸在《天龙八部》第二十九回,提到易筋经的具体练法——

> 这《易筋经》实是武学中至高无上的宝典,只是修习的法门甚为不易,须得勘破"我相、人相"。心中不存修习武功之念。但修习此上乘武学之僧侣,必定勇猛精进,以期有成,哪一个不想尽快从修习中得到好处?要"心无所住",当真是千难万难。少林寺过去数百年来,修习《易筋经》的高僧着实不少,但穷年累月的用功,往往一

无所获，于是众僧以为此经并无灵效。

这纯粹是金庸先生的一段"梦话"。

2016年夏季，在单位12楼办公室，瞿夫子倾囊相授十六式易筋经。所谓大道至简，打开门告诉你，也只是几分钟几句话而已，听完后会有"原来如此"之叹。听完心法和注意事项，我可以马上开练易筋经。温州多台风，练习完第一遍易筋经，窗外风雨交加。

瞿夫子留下一句话，易筋经是本门精要，不可轻易对外人言。

瞿夫子习武，博采众长，融会贯通，删繁就简，定下十六式易筋经。前八式为虎部，握拳，以力催劲，后八式为龙部，按掌，以气化劲。龙部以朱砂掌为根基，而心法则归于统一，抻筋拔骨，气力相生，炼精化气，神意贯通。虎部和龙部，呼吸顺序相逆，但都须气沉丹田。最后两式是导引收功，打通全身气息，还神力回大自然。

用一句话概括，易筋经就是一门通过气息和劲路（两者相互配合）锻炼内脏，可以迅速长功力的上乘功法。

我的体会，习易筋经如登山，一步一重天，亦一重重体会。研习一段时间，从虎部转成龙部时，掌心会发烫，感觉发烫部位在慢慢扩大，最后，整个指尖也会发烫。这说明已初见功效。

习易筋经五十天左右，有一次我竟然神奇地感觉到横膈膜的位置。习七十天左右，第一式起来，整个手掌马上发烫，手掌如灌了沙子般沉重。

研习易筋经和现代健身是两种不同的走向。练习健身的人，肌肉会变得粗大，成块状，把全身肌肉练成一副盔甲，外加一对骄傲的螳螂钳子，只是这一身盔甲往往显得太过笨重。

这并非中国传统武术家所追求。中国传统武术家讲究"精瘦"。这也正是古本《易筋经》所说的，要练成"内壮"。通过易筋经的练习，可以"精瘦内壮"，练成铜身铁臂和一身神力，目光会变得有神。

练成"精瘦内壮"的武林高手，据说可以雪天单衣，而外表看上去和常人无异，就像过了端午的瓯柑。温州盛产瓯柑，在农历年前采摘过来的瓯柑，放上几个月——用温州方言说，就是"安"一段时间——至端午，长得其貌不扬，一吃甘甜非常，非常内秀。

每次研习完易筋经，我感觉全身注满神力，仿佛如庄子形容，可以"挟泰山以超北海"。

金庸先生在《天龙八部》里写道，练完易筋经的游坦之，单掌劈死一头恶狼。相比金庸先生上文所说的练习易筋经必须勘破"我相、人相"的那段梦话，单掌杀狼，要真实许多。古本

《易筋经》记载，练好此功，可用掌杀牛。这一次，应该是金庸先生蒙对的。

六

习易筋经，还有许多内功心法要讲究。这正是瞿夫子倾囊相授，拳谱又多有不传的地方。

我举两处例子。

习易筋经，呼吸极其重要，要做到不疾不徐而且要绵长。做每一动作时，配合的呼吸次数为单数。为何是奇数，这可能本于道家学说："道生一，一生二，二生三，三生万物。"据说古人辟谷，一天吃7颗枣子，也是单数。奇数为阳。

我手头有两个版本的《易筋经》。一本是上文所说的《全图易筋经》，另一本是上海市非物质文化遗产古本易筋经十二式代表性传承人严蔚冰出版于2012年的《古本易筋经十二式》。

《全图易筋经》每一招里都有一句："数四十九字，每数一字加一紧。"数字，是指呼吸的次数，一紧，是指催劲。清末《全图易筋经》的作者，已是有意隐藏这两处"关隘"不说。

在严蔚冰出版于2012年的《古本易筋经十二式》里，只说握拳等肢体动作，连"数多少字""一紧"都不说了，不明其中道理的人，就当广播操练吧。

拳谱是一代代越说越少。不说的部分，正是由师父向入室弟子，口传心授。

七

正如陆游所言："纸上得来终觉浅，绝知此事要躬行。"当我研习一段时日易筋经之后，再回望历代《易筋经》版本，层层迷雾才拨开。最终，云开见日，豁然开朗。

中国武术诸多门派，"托名"现象非常常见，如形意拳托名岳飞所创，武林中人当然知道，岳飞创下形意拳的可能性非常小。但是，"托名"并非就是"没有东西"，形意拳脱枪为拳，钻拳、劈拳、崩拳、炮拳、横拳等主要拳法，就是模仿枪法，两者有一定的逻辑联系——这有点类似在神话中解读出先民历史信息的味道。正如王家卫电影《一代宗师》里所说："形意拳奉岳飞为祖师。"这个"奉"字，非常懂行。

如前所说，《易筋经》是明清时期由民间内家高手所创，又顺势托名为"少林秘籍"。从时间顺序上说，应该是先有这一套功法，再编造达摩创《易筋经》这个故事。同样的，"托名"并非就是"没有东西"，《易筋经》叙述故事，也留下了一些"蛛丝马迹"，而这些故意被层层包裹的"蛛丝马迹"都是极其珍贵的武学信息。

举两处例子，在研习易筋经时，我感觉到道家的气息。其实，《古本易筋经》序托名李靖，在民间传说中，李靖本身就是一名道家人物。这正是《易筋经》文献留给我们的一个暗语。

托名李靖所写的那篇序言里还写道：

> 圣僧曰："此佛祖妙印之先基也。然此经文义渊深，皆通凡达圣之事，非一时可以指陈精意。"乃止僧住於山，教以进修法：至百日而身极固，再百日而身充周，又百日而身如金石。[1]

研习易筋经，一日不可废，第一个百日是基础，称"百日筑基"；第二个百日，即"身充周"，意思就是，感觉气充满全身，身体像充气的轮胎，也如老子所说如风箱鼓荡；第三个百日，练成"身如金石"，好理解。瞿夫子习易筋经有年，我和他手臂相格，如格金石，很是疼痛。这就是练习易筋经的效果。也就是说，《易筋经》那篇序言里的"三百日时间表"，正是研习易筋经的真实时间表。

有学者并没有研习易筋经的经历，纸上谈兵之后，说，易筋经是伪造的，并没有丝毫神奇之处，这就有狂妄之嫌了。

---

[1] 唐豪：《少林武当考·太极拳与内家拳·内家拳》，山西科学技术出版社，第38页。

八

最后，我们还需要把易筋经放在整个武术修行序列里来考察。

桩功，分为动功和静功，易筋经正是属于动功的一种。一个合格的武者，除了动功之外，还要练习各种桩法的静功。练成动静功，就像一个人练好里子，穿上打底的衣服，这是"知己"了。"知己"之后，还要练习拆招，练习单把，对练，这是"知彼"，是外衣。你不能只穿一件打底的衣服出门，还要套一件外衣，这才达到合格的出门标准。

再往细里说，就算你单练易筋经，练成"身如金石"，还需要加上排打、抖杆等基本功的配套练习，以达到内家所说的"整劲"。真实的习武之路，是一条漫长的综合体验的修行之路，不会如武侠小说里所说，只要练成一门绝世武功，就可以独步武林。

慕容博说："只要将这部经书练通了，什么平庸之极的武功，到了手里，都能化腐朽为神奇。"这句话其实说得太夸张了。游坦之练易筋经，看似独步武林，但是拳脚功夫不行，不能知己知彼，终难成绝顶高手。在这里，金庸先生又一次说对了。

袈裟斩与鸳鸯、蝴蝶阵

> 明朝倭乱,纵横数百年。倭寇用蝴蝶阵,袈裟斩,戚继光用鸳鸯阵破之。

明朝倭乱,纵横数百年,以嘉靖年间最为严重。苏州府昆山人归有光(1507—1571),亲历嘉靖大倭乱,见证昆山饱受倭乱荼毒。他形容倭寇过境,"所至荡然,靡有孑遗""海潮新染血流霞,白日啾啾万鬼嗟"。和归有光同属苏州府的冯梦龙(1574—1646),生于大股倭寇均告平息的万历年间,不过读他的《喻世明言》第十八卷"杨八老越国奇逢",还是能明显感觉到,万历年间的江南居民对凶残的倭寇仍然心有余悸。

《喻世明言》第十八卷"杨八老越国奇逢",说的是元朝陕西西安人杨八老往福建漳州经商,在漳州遇倭寇,被倭寇挟持日本国十九年,再以假倭身份入寇浙江,被国人所捕,侥幸活命,机缘巧合,最后竟然能阖家团圆。

冯梦龙在这一卷开头说,"那故事,远不出汉、唐,近不出二宋,乃出自胡元之世"。读《喻世明言》的明朝人当然明白,冯梦龙说的这个故事,就是离自己很近的嘉靖年间。故事里倭寇明晃晃的倭刀,就冷冷地架在听故事人的脖子上。

"杨八老越国奇逢"里说——

>原来倭寇飘洋,也有个天数,听凭风势:若是北风,便犯广东一路;若是东风,便犯福建一路;若是东北风,便犯温州一路;若是东南风,便犯淮扬一路。此时二月天气,众倭登船离岸,正值东北风大盛。一连数日,吹个不住,径飘向温州一路而来。那时元朝承平日久,沿海备御俱疏。就有几只船,几百老弱军士,都不堪拒战,望风逃走。众倭公然登岸,少不得放火杀人。[1]

冯梦龙此段描述,很符合史实。我的家乡温州,就如此这般被安排在有迹可循的"天数"里。

嘉靖年间,发生一起著名的"数十倭寇进攻南京事件",六十来人的残余倭寇,夜袭突围出明军包围圈,从山东日照至杭州再到淳安,一路抢掠至南陵,转头至江宁镇,狙杀颇有勇名的明朝将领朱襄和明军三百余人,最后直扑南京。南京举城

---

[1] 冯梦龙:《喻世明言》,中华书局2014年版,第271—272页。

震惊，关闭城门，当倭寇走远，南京城得到确切消息，当时城外只有倭寇五十三人！天子震怒，这五十三人最后被明军全部诛杀在太湖边。五十三人过八郡，转战三千里，让大明王朝脸面没地儿搁。明朝沿海备御俱疏，卫所军士不堪一击，倭寇的高强武艺，可见一斑。

冯梦龙在"杨八老越国奇逢"里写到倭寇的战术——

> 杨八老望见傍边一座林子，向刺斜里便走，也有许多人随他去林丛中躲避。谁知倭寇有智，惯是四散埋伏。林子内先是一个倭子跳将出来，众人欺他单身，正待一齐奋勇敌他。只见那倭子把海叵罗吹了一声，吹得呜呜的响。四围许多倭贼，一个个舞着长刀，跳跃而来，正不知那里来的。有几个粗莽汉子，平昔间有些手脚的，拚着性命，将手中器械，上前迎敌。犹如火中投雪，风里扬尘，被倭贼一刀一个，分明砍瓜切菜一般。唬得众人一齐下跪，口中只叫饶命。[1]

冯梦龙上述描述，抄自郑若曾的《筹海图编》。郑若曾（1503—1570），比归有光年长4岁，同为昆山人，著名布衣军

---

1 冯梦龙：《喻世明言》，中华书局2014年版，第269页。

事家，曾任剿倭总指挥胡宗宪幕僚，了解倭寇战术。

惯是四散埋伏

倭寇擅长埋伏，郑若曾语"酣战必四面伏起"[1]，冯梦龙改成"四散埋伏"。倭寇甚至可以在远距离撤退过程中，布下埋伏。如此远距离作战，让刚一交手的明军很不习惯。

"惯是四散埋伏"的前提是：倭寇上岸后，纪律严明，调度有序。郑若曾在《筹海图编》对此有一段详细描述。

> 贼每日鸡鸣起，蟠地会食。食毕，倭酋据高坐，众皆听令。挟册展视，今日劫某处，某为长，某为队。队不过三十人。每队相去一二里，吹海螺为号，相闻即合救援。亦有二三人一队者，舞刀横行，人望之股栗远避，延颈授首。薄暮即返，各献其所劫财物，毋敢匿。倭酋较其多寡而赢缩之。每掳妇女，夜必酒色酣睡。劫掠将终，纵之以焚，烟焰烛天，人方畏其酷烈，而贼则抽去矣。[2]

---

1 郑若曾：《筹海图编》，中华书局2007年版，第205页。
2 同上，第204页。

一个个舞着长刀

倭刀有多长？嘉靖年间倭寇所用的刀，并非我们现在所见的日本刀，而是江户之后被禁的战场用刀野太刀或者大太刀，其中最适合混战和突袭的中卷野太刀，其刀刃长度在0.9米以上，全长多为1.5米，实战用超长双手刀甚至长达1.75米，通常重量都在5斤以上，在日本国内，大太刀归于斩马刀类大型兵器。[1]

戚继光观察到，倭刀刃长五尺，后用铜护刃一尺，柄长一尺五寸，共长六尺五寸，重二斤八两。[2] 明朝尺寸与现在通用尺寸相同，算下来，戚继光所描述倭刀接近两米，属大太刀无疑。

而明军腰刀，长三尺二寸，重一斤十两，[3] 比倭刀短一半，轻许多。明军武装的标配是长枪单刀，也就是说，单论长度和重量，明军的刀就先输于倭寇了。明军单刀和倭刀相拼会怎样？戚继光痛心地看到，"遭之者身多两断"[4]。

其实，日本刀对弧度恰到好处的把握（其弧度是在冷却过

---

[1] 梁晓天：《倭寇战争全史》，中国长安出版社2015年版，第177页。
[2] 戚继光：《纪效新书》（十四卷本），中华书局2001年版，第82页。
[3] 同上，第81页。
[4] 同上，第82页。

程中自然产生），以及为力求最大限度减少切割物体时的阻力而在厚度上进行的巧妙设计，令人赞叹。打刀时，刀刃薄，固然锐利，却影响坚固，但又不可过硬，过硬便脆，易被折断。而日本工匠完美地解决了这个问题，一把合格的日本刀往往采用多种材质（刀刃夹在当中，再磨刃），以确保其刃部坚硬，芯部柔软。刀刃薄，刀棱处加高，刀背处再变薄，由此保证了刺穿物体时刀的流畅性。[1]

还有一处历史细节很能说明问题，明朝经常会向日本进口数量庞大的日本刀，每单交易过万都很常见。1465年三万余把，1483年三万七千余把。日本刀剑的大量输出，还招致了因大量出产而引起的粗制滥造，最初每把刀值十贯文，后来下降到一贯文。[2]

可见明军腰刀确实不堪用。

跳跃而来？

"林子内先是一个倭子跳将出来……一个个舞着长刀，跳跃而来。"这是"杨八老越国奇逢"一卷中最滑稽的一处描写。

1　苏静：《知日·武士道》，中信出版社2014年6月，第28页。
2　田中健夫：《倭寇——海上历史》，社会科学文献出版社2015年版，第80页。

同样的，此处也是冯梦龙抄自《筹海图编》。

郑若曾在《筹海图编》中说：

> 对营必先遣一二人跳跃而蹲伏，故能空竭吾之矢石火炮。

郑若曾其实说得很清楚，这是倭寇对营挑衅之举，是为了耗空明军火炮。明军阵前倭寇赤裸提刀蹲伏，可谓侮辱之极。不过，如果倭寇是在劫掠平民，像"杨八老越国奇逢"所写，是没必要再做此举，一个个如青蛙或跳跳鱼般，跳向惊慌四散的平民，没经历过倭乱现场的冯梦龙写得太喜感了。

现在的日本剑道，是考虑安全因素而改造过的体育竞技，和古代日本武士在战斗时所使用的"真正的"武士刀格斗技有天壤之别，纵然如此，日本剑道，取经典刀法，熔各流派于一炉，也是很接近实战。

在我研习的剑道馆，也有蛙跳击剑动作。我脑中马上浮现冯梦龙笔下"青蛙或跳跳鱼"的样子。问黄维立师，蛙跳何意？黄师笑着说："蛙跳是为了训练学员的体能和协调性。在实战中，不会如此击打。"我想，如果冯梦龙恰好经过我所在的道馆窗户，一定会兴奋地写下："他们在实战中，一个个舞着长刀，跳跃而来。"

不过，倭寇确实擅长"跃"。戚继光在十四卷本的《纪效新书》里提到：

> 彼以此跳舞，光闪而前，我兵已夺气矣。倭擅跃，一迸足则丈余，刀长五尺，则丈五尺。我兵短器难接长器，不捷，遭之者身多两断。缘器利而双手使用，力重故也。今如独用则无卫，惟鸟铳手（可兼），贼远发铳，贼至近身再无他器可以攻刺，如兼杀器则铳重药子又多，势所不能，惟此刀轻而且长，可以兼用，以备临身弃铳用此。况有杀手当锋，故用长刀备之耳。

戚继光上段记载，只见于十四卷本《纪效新书》，是他晚年的总结，考其语句，甚为精妙。

朝鲜文献《武艺图谱通志》转载戚继光此段记载时，在其关键部分作了简写：

> 彼以此跳舞光闪而前，我兵已夺气矣。倭一跃丈余，遭之者身多两断。缘器利而双手使用，力重故也。今如独用则无卫，惟鸟铳手可兼，贼远发铳，贼近用刀。[1]

---

[1] 转自梁晓天：《倭寇战争全史》，中国长安出版社2015年版，第178页。

戚继光的原话"倭擅跃,一进足则丈余"被简写成"倭一跃丈余",读来疑惑重重:是不是如"青蛙或跳跳鱼"一般跳跃而来,一跳丈余?

我认为,戚继光所说的"一进足则丈余",并不是指倭寇一个蛙跳丈余远,最有可能的是指突然上步——这正是"进足"一词的意思。以日本剑道为例,两人对阵,一人突然上前一步,滑过道场地面而来,快速挥刀,剑道术语"一足一刀",可瞬间决胜负。

分明砍瓜切菜一般

"倭贼一刀一个,分明砍瓜切菜一般",实战过招,简单直接,没有一点花招。

千里入侵的"真倭",都是剑道高手,手握重兵器,"一跃丈余",一刀斩来,不管是普通民众,还是早期明军,真的是很难抵挡,只能"仓皇仰首"(郑若曾语),[1]"分明砍瓜切菜一般"引颈受戮。

冯梦龙描写完倭寇的战术之后,还情不自禁吟了一首诗:

---

1 郑若曾:《筹海图编》,中华书局 2007 年版,第 204 页。

> 倭阵不喧哗，纷纷正带斜。
>
> 螺声飞蛱蝶，鱼贯走长蛇。
>
> 扇散全无影，刀来一片花。
>
> 更兼真伪混，驾祸扰中华。

这是《喻世明言》这一卷中最有史料价值的地方。原谅我不顾无数惨死的亡灵，大谈特谈这首"死亡摇滚"的史料价值。时间和距离，真是冷酷无情。实际上，只有当无数惨死亡灵的鲜血不能溅到冯梦龙身上时，他才能从鲜血中荡开，写出戏谑感（"分明砍瓜切菜一般"）和美感（"刀来一片花"）。

这首分不清是冯梦龙亲自写的还是抄来的诗，不知难倒了历代多少注释者。

我手头有一本2014年中华书局版的"中华经典小说注释系列"新注本《喻世明言》，校注者注这首诗像是在咬一只刺猬，注释者说："纷纷正带斜：疑指阵形不整齐、不规则。"既然"纷纷正带斜"是连着上半句"倭阵不喧哗"，那又何来"阵形不整齐、不规则"？

正带斜是"袈裟斩"

取"中段架势"——刀尖的延长线对准对方的咽喉部位——是日本剑道架势中看起来最平常也是最合理的架势,攻中寓守,守中寓攻,攻易取,守难陷。这是"正"。

在日本剑道实战中,最经常使用的招式是斜斩。斜斩,有一个血淋淋的名称,名唤"袈裟斩"。从对手右上肩膀位置(这也是人体软弱部位)向左下腰腹斜斩,造成的伤口像僧人袈裟前襟,故名,这是"斜"。在现代日本剑道中,应该是出于安全考虑,把这个凶狠的动作击打部位下移,规定为打腰(胴)才能得分。

"正带斜",就是取中段出袈裟斩,在一瞬间完成斜斩。

读藤泽周平的武士小说,是一件很爽的事。每一篇故事,叙事克制,主人公在不得已时的出刀,都只有冷冷几下。我数过,他笔下的主人公出的招,基本上都是最普通的斜斩,所谓"大道至简"。

斜斩,也是所有刀术中最基础的动作。古典章回体小说中常见的"一刀斩于马下",多数就是斜斩。《三国志》里称黄忠"一战斩(夏侯)渊",到了《三国演义》,黄忠把夏侯渊"连头带肩,砍为两段",就是"袈裟斩"无疑了。明清神魔小说《女仙外史》，打斗荒诞不经，不过在第71回《范飞娘独战连珠蕊　刘次云双斗苗龙虎》里写了实打实的一招："苗龙的马正到，虎儿回刀带斜劈去。"[1] "回刀带斜劈去"，是险中求胜。

螺扇指挥

诗中的"螺"，就是冯梦龙前文提到的"海叵罗"。倭寇"吹海螺为号"，前文已见。

郑若曾在《筹海图编》还提到：

> 倭寇惯为蝴蝶阵，临阵以挥扇为号，一人挥扇，众皆舞刀而起，向空挥霍。我兵仓皇仰首，则从下砍来。[2]

这"一手挥扇"者，很明显是指倭寇头目在挥舞扇子指挥战斗。这种扇子，正式日本名称叫"军配"，就是军事配置的意思。

日本战国期间，军配风行。其中最有名的故事，要算号称"战国双雄"的武田信玄和上杉谦信在川中岛合战单挑，武田信

1　吕熊：《女仙外史》，黑龙江美术出版社2016年版，第396页。
2　郑若曾：《筹海图编》，中华书局2007年版，第204页。

玄用军配挡刀。

当时，上杉谦信身披黄色铠甲，头扎白毛巾，骑着名马杀入武田信玄本阵，用三尺太刀砍向宿敌信玄，却被信玄用军配连挡了三刀。

也有不少人对其真实性提出怀疑。不过，有三点值得一提：史书也没说上杉谦信剑术如何了得；在单挑时，两匹马是朝着同一个方法疾驰，马上挥刀，会缓冲部分力道；再者，日本战国将领，身穿铠甲，手戴护具，武田信玄在不得已时用扇子挡刀，也不是完全没有可能。

扰乱明军海防的倭寇，用螺扇指挥，可见部分倭寇完全就是日本战国正规军配置。

长蛇阵和蝴蝶阵

郑若曾在《筹海图编》提到倭寇擅长蛇阵和蝴蝶阵。这两个阵法也得到日本倭寇史研究专家田中健夫的认可。[1] 可以推断，郑若曾的观察是真实可靠的。

每队三十人左右，呈长蛇状排开，最强的人安排在首尾，中间"勇怯相参"，击头用尾攻，击尾用头攻，击腰首尾相应，

---

1 田中健夫：《倭寇——海上历史》，社会科学文献出版社2015年版，第131页。

是为长蛇阵。和斜斩一样，长蛇阵不是倭寇的独创，也是常见的阵型。元朝杂剧《关云长千里独行》，就提到一字长蛇阵。

郑若曾只说倭寇用扇子指挥，众倭刀从上往下砍来，却并未解释，为何名唤蝴蝶阵。想来郑若曾只是听闻或者远远看过蝴蝶阵，此时陷于垓心的人早已被剁成肉泥，不能开口说自己的心得体会，解释其中端倪。

田中健夫解释："伏兵从四面舞刀而起，状如蝶舞。"[1] 蝶舞，轻柔缓慢，倭寇如何"状如蝶舞"，也很难体会。

最合理的解释是，蝴蝶阵是一个埋伏的阵，以挥扇为号，先是埋伏——"扇散全无影"，然后四下围拢，阵形像蝴蝶翅膀的轮廓围拢垓心，也就是蝶身部分——"刀来一片花"，剁成肉酱，是为蝴蝶阵。

"螺声飞蛱蝶，鱼贯走长蛇。扇散全无影，刀来一片花。"四句紧凑，要连在一起看。"螺声"和"扇散"相对。有的校注者不明白"扇子"是"军配"，而解释成"(倭寇)像扇形一样散开"，就在所难免了。

罗贯中在《三国演义》里写到著名的"三英战吕布"桥段时，引用了一首长诗。其中有一句是："青龙宝刀灿霜雪，鹦鹉战袍飞蛱蝶。"飞蛱蝶，就是指蝴蝶阵。兄弟仨把吕布困在垓心围

---

[1] 田中健夫：《倭寇——海上历史》，社会科学文献出版社2015年版，第131页。

裂袋斩与鸳鸯、蝴蝶阵

攻，也忒没有英雄气了。不过，由此可见，明朝人罗贯中对蝴蝶阵，也是非常熟悉的。

中国武艺不可胜纪

郑若曾写《筹海图编》到最后部分《兵器总论一》时，情不自禁有一通悲愤之语：

> 倭寇挥刀若神，人望之则惧而走……不知中国武艺不可胜纪，古始以来，各有专门秘法，散之四方。若招募得人，以一教十，以十教百，即刀法一艺，倭不足以当我，况其他乎？试举其略言之，如使枪之家十七……使刀之家十五……使剑之家五……使弓弩之家十四……使棍之家三十有一……使杂器之家十……使钯之家五……使马上器械之家十六……使拳格兵器之家十一……又有眠张短打破法，九内红八下等破法，三十六拿法，三十六解法，七十二跌法，七十二解法。[1]

省略号是我加的。

---

1 郑若曾：《筹海图编》，中华书局 2007 年版，第 966—968 页。

郑若曾一一列举了32种兵器，11路可徒手胜兵器的拳法，4路擒拿法，总共几十路武艺。可见其悲愤之心和内心真正以为然——中国武艺不可胜纪，若不散之四方，倭寇怎么能如此猖狂？

书生论武，戚继光早年可能会大声呵斥，晚年笑而不语。何以这么说？在他早年集结的十八卷本《纪效新书》里，对"不可胜纪"的中国武艺也有诸多尖锐批评，可到了晚年修订的十四卷本《纪效新书》里，删除了早年说过的许多火气很重的话。而我认为，早年那些火气很重的话，戚继光到了晚年也没认为讲错，只是心境时事使然，而删之。

雄壮年轻的戚继光在十八卷本《纪效新书》里说：

> 杀人的勾当，岂是好看的？[1]

> 钩镰、叉、钯，如转身跳打之类，皆是花法，不惟无益，且学熟误人第一。叉、钯花法甚多，铲去不尽，只有照俞公（指俞大猷）棍法以使叉、钯、钩镰，庶无花法而堪实用也。[2]

---

[1] 戚继光：《纪效新书》（十八卷本），中华书局2001年版，第19页。
[2] 同上，第13—14页。

袈裟斩与鸳鸯、蝴蝶阵

对于中国传统刀术，戚继光认为：

刀法甚多，传其妙者绝寡，尚俟豪杰续之。[1]

戚继光发现，以单刀论，明军在面对倭寇的倭刀时根本没有什么招式可用。什么"刀法甚多，传其妙者绝寡，尚俟豪杰续之"，只是一句客套话。细细读来，戚继光内心无疑是非常失望的。

俞大猷和戚继光都知道，持单刀的明军与持倭刀的倭寇单挑，明军不是对手。

义乌人可怕

明朝抗倭将领一茬又一茬，战术各有侧重。

胡宗宪（1512—1565）雄才，精通谋略，操控全局，用计除倭寇巨魁王直、徐海。

落实到抗倭最前线，"俞龙戚虎"。

俞大猷习性谨慎，抗倭布下三道防线：第一道，海上拦

---

[1] 戚继光：《纪效新书》（十八卷本）卷六《比较武艺赏罚篇》，中华书局2001年版。

截，所谓"海舟防之于海，其首务也"[1]；第二道防线，御敌于海岸、内河，沿海要害以及敌方可能登岸之处，与之战；最后一道，御敌于沿海城镇，与之陆战。"我兵长於水战，短於陆战，而倭寇则长於陆，短於水。"[2] 俞大猷对此深有同感，他建议剿倭军队中"水兵常居十七，陆兵常居十三"[3]。观俞大猷一生抗倭战绩，他最擅长的战法是，集结人数占优的部队，在海上围歼倭寇，包围圈要不要开一个口子，视情况而定。看得出，万不得已，才选择与倭寇陆战。

与倭寇陆战难胜这个"俞大猷式"难题，最后交给戚继光去解决。戚继光要解决两点：首先是兵"种"。

嘉靖三十七年（1558）六月起，义乌矿工、乡民与永康赶来的开矿者发生械斗，双方投入三万人左右，历时四个月，直到十月秋收方告结束，死伤二千五百余人。戚继光没有见过这种阵势，从义乌回来之后，向俞大猷感慨义乌人之彪勇。

戚继光马上征召四千名义乌兵，"真可以一当百"[4]。并再一次提高了征兵标准，凡选入军中之人，以下几等人不可用：在市井里混过的人不能用；喜欢花拳绣腿的人不能用；年过四

---

1 俞大猷：《正气堂集》卷七《议水陆战备事宜》。
2 郑若曾：《筹海图编》卷十二《御海洋》。
3 俞大猷：《正气堂集》卷十六《恳乞天恩亟赐大举以靖大患以光中兴大业疏》。
4 戚继光：《戚少保奏议·练乌伤兵议》，中华书局 2001 年版。

十的人不能用；在衙门干过的人不能用；喜欢吹牛、高谈阔论的人不能用；胆子小的人不能用；长得白的人不能用；性格偏激的人也不能用。被录取者，还必须具备如下特征：臂膀强壮，肌肉结实，眼睛比较有神，看上去比较老实，手脚比较长，比较害怕官府。概括起来，戚继光要找的是这样一群人：四肢发达，头脑简单，为人老实，遵纪守法服从政府，敢打硬仗，敢冲锋不怕死的壮汉。[1]

戚继光的选兵标准其实可以反着读，可见明朝军队充斥着上述这些市井里混过的、喜欢花拳绣腿之人。

戚继光练兵严明，采用连坐之法。

> 如违令图财，致兵陷没，或贼冲突得脱，抢财物之兵不分首从（指首犯和从犯），（把）总、哨官俱以军法斩。
>
> 凡临阵退缩，许甲长割兵耳，队长割甲长耳，哨官、哨长割队长耳，把总割哨官、哨长耳。回兵，查无耳者斩。
>
> 凡每甲一人当先，八人不救，致令阵亡者，八人俱斩。阵亡一人，即斩获真贼一（首）级，八人免罪。亡一

---

[1] 梁晓天：《倭寇战争全史》，第218页。

得二，八人通赏。哨、队照例。[1]

明军效仿秦法，割敌人首级论功行赏。明军后期抗倭战中的大捷，虽然数下来只杀倭寇数百，但那只是倭寇首级数，真正杀倭寇的数目往往更多。明军的大捷，要比我们想象中的更为雄壮。

不只是戚家军采取连坐维系军纪鼓舞士气，当时投入抗倭战场凶悍的地方部队，也大多采用连坐法，如广西"狼兵"[2]。

（狼兵作战）凡一人赴敌，则左右人呼而夹击，而一伍皆争救之。否则，一人战没，而左右不夹击者，临阵即斩，其一伍之众，必论罪以差，甚者截耳矣。凡一伍赴敌，则左右伍呼而夹击，而一队皆争之。否则，一伍则没，而左右伍不夹击者，临阵即斩，其一队之众，必论罪以差，甚者截耳矣。[3]

戚家军的连坐之法，可能是学自广西"狼兵"。广西"狼

---

1 戚继光：《纪效新书》（十八卷本）卷三《临阵连坐军法篇》。
2 本为"俍"，壮族、布依族语的音译，意为"官人"，海内凶悍，此后被人读作"狼兵"。
3 郑若曾：《筹海图编》卷十一下《客兵附录》。

袈裟斩与鸳鸯、蝴蝶阵

兵""临阵即斩",连坐之法比戚家军更甚。

湖南保靖、永顺州二宣慰司精兵,以旗为最小单位,每旗二十三人,队列分五层以锥形梯形排列,第一层至第五层人数分别是一、三、五、七、七。作战时,层次进行,第一人战死,第二层居中者替补,左右两人跟进,然后依次替补,直到第五层全部战死,才算失败。士兵训练严格,纪律严明,战斗力强,其中又以永顺兵最为强悍。士兵战斗时,规定只准刺击,不许割取敌人首级,违令者、退缩者斩![1]

相比东海上蔓延过来的倭寇——嘉靖年间,倭寇攻城略池,人数常达数万人,从人数上来说,凶悍的地方武装,毕竟只是少数,远水解不了近渴。如月空和尚率三十多名僧兵与倭寇战于松江,"持铁棒击杀倭寇甚众,皆战死"[2]。

如果我们回到明朝,清点弥漫着死气的沿海战场,那些死不旋踵的壮士无疑会让人潸然泪下。

通过戚继光这条练兵"流水线",戚继光大规模改变了明军士兵的"种",让戚家军无所畏惧,告别"仓皇仰首",只等倭刀砍来的局面。

---

1 郑若曾:《筹海图编》卷十一下《客兵附录》。
2 顾炎武:《日知录》卷二十九《少林僧兵》,上海古籍出版社2012年版。

鸳鸯阵

明军的战术是中央集权的大型野战模式,兵器由国家统一派发,士兵以队为单位持有兵器。这种模式下,明军最小的作战单位是二十五人的队,而且兵器相对单一。[1]

论兵器长度,倭刀再长,也长不过明军的长枪。明军的长枪可以轻易做到丈八。所以明军枪阵远距离与倭寇交阵,可占优势。不过,惯于埋伏的倭寇也很快找到破枪阵之法。曾有六千山东长枪兵与倭寇战,倭寇低身滚入阵中,近距离砍杀长枪兵下盘,长枪兵溃败。

这也就是戚继光所说的,长枪用"老"[2]。长枪刺杀,如没能刺中,枪法已"老",枪头难回,倭寇又已欺身面前,长枪的长度,反而成为累赘。

所以,戚继光要改变的第二点,就是改明军单一的长枪阵,变为众所周知、多兵种配合的"鸳鸯阵"。"鸳鸯阵"最初由文武全才唐顺之发明,后由戚家军继承并发扬光大。

简单概括"鸳鸯阵"的主要打法:阵中长枪手远距离刺杀

---

1 梁晓天:《倭寇战争全史》,中国长安出版社 2015 年版,第 212 页。
2 戚继光:《纪效新书》(十八卷本)卷十《长兵短用说》,中华书局 2001 年版。

倭寇，而长枪手又有狼筅手、两个手持"镋钯"的士兵和前面的盾牌手保护，可以放心刺杀。如果长枪用"老"，站在长枪和狼筅之间的盾牌手，立即上前补刀。各兵种通力合作，不离不弃，是为"鸳鸯"。

让明兵在短时间内技法精进，是不现实的。唐顺之对戚继光说，长枪练好，需十年功。事实证明，戚继光既改变兵"种"又改变阵型的做法，可以在短时间内让各种兵种配合上战场杀敌。

鸳鸯阵可大可小，小则适合东南沿海地区多丘陵沟壑、河渠纵横、道路窄小各种地形，大可以在空旷地布阵大规模厮杀。鸳鸯阵还需火器配合。鸳鸯阵最终成为倭寇的噩梦，戚继光一投入实战就效果显著，曾杀敌一千，自损三人！实际上，明朝大规模倭乱，最后几乎就是被戚继光平定。

俞大猷病逝于万历八年，俞大猷辞世后没几年，万历新政失败。戚继光死于万历十五年。[1] 国之栋梁如花朵一一凋零，最后归于尘土。

---

1 戚继光死于 1588 年 1 月，万历十五年腊日。

人物篇

君子尚武乎？
苏格拉底和孔子的勇武故事

一

在大多数人的印象之中，相比骑兵，步兵似乎是一个配置很低、攻击力很低、等级很低的兵种。可是，在公元前8世纪至公元前5世纪那一段漫长的希腊古典时期，并非如此。那时候的战争，恰恰是重装步兵的天下。

重装步兵以敞开的队形接近敌军，横列关闭，盾牌横挡，无数的青铜和木头组成一堵固若金汤的防护之墙。当军队人数增加至1万或3万人时，方阵长度会增至一两英里。整支全副甲胄的队伍高举盾牌，前三列长矛挥出——"那是一种令人肃然起敬并毛骨悚然的情景，"数百年之后，普鲁塔克还如此感慨，"他们以无隙可乘的阵型向敌军挺进，没有丝毫犹豫，平静而快乐地步入险境之中。"[1]

---

[1] 杰弗里·帕克：《剑桥插图战争史》，山东画报出版社2004年版，第15页。

一名合格的重装步兵，在任何情况下，包括被击倒杀死时，都不会放弃他的盾牌——它是保持方阵团结的关键。重装步兵会藐视连像样甲胄都没有的轻装弓箭手，甚至会嘲笑骑兵。色诺芬就曾讥笑："只有那些最虚弱、最缺乏荣耀感的人才会去骑马。"[1]

在古希腊神话故事里，勇武的人或者神大多是重装步兵的装扮。以雅典守护神雅典娜为例，她作战时是戴头盔，上身穿铠甲，右手持矛，左手拿镶着蛇发女妖的盾。

在古希腊，重装步兵的盔甲由每个战士自己承担。这种盔甲大约要消耗 75 磅木材和金属，它们包括：胫甲、头盔、凹面的圆形盾、护胸甲、双锋矛和较短的佩剑。[2]

二

或许是受苏格拉底（公元前 470—公元前 399）[3] 思想的"遮蔽"，我们往往会不知不觉忽略他身为一名杰出战士甚至是武艺超群的角色。有关苏格拉底武艺的记载，散落在后来者——最

---

[1] 杰弗里·帕克：《剑桥插图战争史》，山东画报出版社 2004 年版，第 15 页。
[2] 同上。
[3] 历史没有留下苏格拉底官方的出生登记，学者们普遍推测苏格拉底生于公元前 470 年，"很接近正确"。

主要的资料来自他两位弟子柏拉图和色诺芬——写的回忆文字里。像读纪传体史书，我们的阅读要穿越数篇人物列传（放在柏拉图和色诺芬那里，就是数篇对话），再拼凑出一位历史人物的丰富面相。如此这般的苏格拉底，我倒是觉得亲切，他就像《三国志》里一位文韬武略的人物。

公元前431年，伯罗奔尼撒战争爆发，这场残酷的战争历时27年，结束于公元前404年。苏格拉底正是以重装步兵的身份卷入整场战争，一生数次征伐，血染征袍透甲红。

还需要指出的一处历史细节，波希战争中广泛投入的战船、轻装部队以及骑兵等非重装步兵部队给苏格拉底时期的希腊人留下深刻印象。希腊的军队配置开始变得多样化，并发展了强大的海军。虽然在苏格拉底之后很长一段时间，重装步兵还是没有被人遗忘，只是站在历史渡口、"纯粹"重装步兵苏格拉底，或多或少会感受到一层意味深长的象征意义。

三

苏格拉底参加了伯罗奔尼撒战争的导火索——波提狄亚战役（公元前432—公元前430年）。柏拉图在《申辩篇》《会饮篇》《卡尔米德篇》中都提到此次战役。《申辩篇》一句话带过；在《卡尔米德篇》中，刚从波提狄亚军营返回的苏格拉底向别人承认，波提狄亚战役"非常残酷";而《会饮篇》中对此的记载最为详细,我们是通过阿尔基比亚德的口中知道的——

> 你们一定知道,后来,我们俩都参加了波提狄亚战役,吃饭睡觉都在一起。一开始,他就以吃苦耐劳见长,不仅胜过我,而且胜过队里的其他人。每逢给养跟不上,这在战斗中是常有的事,没有人能像他那样忍饥挨饿。供应很充足的时候,也不会有人像他那样吃得津津有味。尽管他本人不大爱喝酒,但要是强迫他喝,他的酒量比谁都大。最奇怪的是,从来没有人见过他喝醉过。我敢说,等今天的宴饮结束,他又有机会证明这一点。

> 还有,他过冬的方式也很令人吃惊,那个地方的冬天是很可怕的。有一次天气骤变,冰冻三尺,我们全在帐篷里呆着,不敢出去。如果要出去,我们全身穿得非常厚实,还在鞋子里裹着毡子,但他照样出去行走,穿着他原来常穿的那件破大衣,赤着脚在冰上走,比我们穿鞋的人都走得还要自在。有些士兵用怀疑的眼光看着他,以为苏格拉底这样做是故意的,表现出他对其他人的蔑视。

> 这件事就说到这里。现在我要提到另一件事,因为在这次战役中,"我们这位勇敢的英雄还立过别的功劳"。有一天清晨,太阳还没升起,苏格拉底心里想着某个问题,

就站在那里沉思，想不出答案来就不肯罢休。他就一直这样站着，到了中午的时候，士兵们看他这样都感到惊讶，相互传话说，苏格拉底从天亮起就站在那里沉思。到了傍晚，有几个伊奥尼亚人吃过晚饭，把他们的铺席搬了出来，睡在露天里，想看他是否站着过夜，那个时候当然是夏天，睡在外面要凉快些。果然，他在那里一直站到天亮，直到太阳升起。他对着太阳做了祷告，然后就走开了。

我猜想你们可能希望知道他在战斗中的表现，我也认为你们应该知道。在那次战斗结束后，我得了勋章，但你们要知道，是苏格拉底救了我的命，就他一个人。我受了伤，但他不肯把我扔下，而是背上我，连同盔甲和其他东西。苏格拉底，你是知道的，我后来去找过将军，要他们把勋章发给你，你不能否认这件事，也不能因此责备我。但是这些将军认为还是要把勋章授给我，这是因为我的家庭背景的原因，而你比他们更热心，说我比你更应当得勋章。[1]

波提狄亚原是雅典的纳贡同盟者，后来在斯巴达的支持下

---

[1]《柏拉图全集》第二卷《会饮篇》，人民出版社 2012 年版。

脱离雅典。雅典先后派出七十艘战舰和三千名重装步兵前往平叛。苏格拉底和阿尔基比亚德就是三千名重装步兵中的两名。

以上帝视角来看,波提狄亚是一条南北走向、形如鸭脖子的窄窄山峡,东西分别为托伦湾和德密湾。波提狄亚盟军首领阿利斯提阿斯"深得民心",率步兵两千名(重装步兵一千六百名,轻装步兵四百名)驻守地峡,以逸待劳,还有数百名骑兵驻扎在离波提狄亚东北方四百多英里地峡外的奥林修斯,以待夹攻。[1]

雅典军到达波提狄亚之后,正如阿利斯提阿斯所料,受到两面夹攻。雅典军打得极其艰难,将军卡利阿斯阵亡。一场鏖战之后,雅典军围城。

围城第二年冬季,波提狄亚城内粮绝,人相食,波提狄亚不得不向雅典军请降,波提狄亚城终于被雅典人攻陷。

波提狄亚城内人相食时,我们从《会饮篇》中也可以得知,雅典军的给养也是时有时无。战场上,苏格拉底救了阿尔基比亚德的命。阿尔基比亚德受了伤,但是,苏格拉底不肯把他扔下,而是背上他,"连同盔甲和其他东西"。从阿尔基比亚德自己的描述来看,他当时应该也是一名重装步兵,这也符合修昔底德(公元前460—公元前400/396)对波提狄亚战役的描写。

---

[1] 修昔底德:《伯罗奔尼撒战争史》上册,商务印书馆2010年版,第49页。

让我感到吃惊的是，波提狄亚城内人相食，苏格拉底仍然可以深思入定一天一夜。他所沉思的，当然是他钟爱的哲学命题或者听到的"神秘声音"，那些累累白骨和遍野哀鸿，对他内心产生的影响，不得而知。

修昔底德在他厚厚的《伯罗奔尼撒战争史》一书中详细记载了波提狄亚战役，却只字未提苏格拉底。在《伯罗奔尼撒战争史》整部书中，我也没有找到苏格拉底的名字，修昔底德内心是如何想，真的难以猜测。

《伯罗奔尼撒战争史》第一卷第一章里写道："伯罗奔尼撒战争不仅继续了一个很长的时间；并且在整个过程中，给希腊带来了空前的痛苦。过去从来没有这么多的城市被攻陷，被破坏，有些是外族军队做的，有些是希腊国家自己做的；从来没有过这么多生命的丧失——有些在实际的战斗中，有些是在国内革命中。"

这也许是身为历史学家的修昔底德与身为勇者的苏格拉底的区别所在吧。

四

公元前 424 年，雅典的军队与彼奥提亚人在代立昂作战。

彼奥提亚人在山顶列阵，七千名重装步兵分左、中、右三翼，右翼还有五百名轻盾兵，一千名骑兵和一万名轻装步兵布在两翼极端。轻盾兵列成纵深25盾队形，其他军队列成各种不同的队形。

山下雅典军，也是七千名重装步兵，列成纵深八排阵势，骑兵列两翼。在人数上，雅典军明显处于劣势，地形也非常不利。

双方统帅各自演讲鼓励士兵，彼奥提亚人高唱战歌冲下山，雅典人向前抵抗，两军跑步相迎。按照古希腊重装步兵交战惯例，两军正式碰撞之前，彼奥提亚人前三列长矛挥出，雅典军面对从高处而来的"凄风苦雨"。

雅典军被包围，混战一团，误杀自己人甚多，很快雅典军全军逃亡。幸好正值天黑，大部分雅典兵都能安全逃掉，第二天，雅典主力军走海路回国，留下一支驻防部队守代立昂。雅典军虽然打败了，却依然控制了代立昂。

彼奥提亚人随后投入标枪兵、弹石手和重装步兵攻城，最后用火攻攻陷代立昂。雅典军队彻底溃败。

想来你也已经猜到了，年约46岁的苏格拉底依旧以重装步兵的身份参加了代立昂之战。当彼奥提亚人从高处密密麻麻投下长矛时，苏格拉底正在山下溃败的雅典军阵营里。

根据《会饮篇》里的记载，阿尔基比亚德再一次和苏格拉底出生入死。

先生们，你们也应当知道苏格拉底在雅典军队从代立昂撒退时的表现。我当时是骑兵，而他在步兵队里服役。我们的人溃不成军，当我看见他的时候，他正在与拉凯斯一起往后撤。我对他们大声喊道，不要怕，我会和你们在一起。这次相遇给了我一个观察苏格拉底的好机会，比在波提狄亚那一次的机会更加好，因为我骑着马，也就不那么害怕了。首先我注意到，他比拉凯斯要镇静得多；其次，阿里斯托芬，我要从你那里借用一句诗来形容苏格拉底走路的样子，"昂首阔步，斜目四顾"，就好像行走在雅典的大街上。无论遇到的是朋友还是敌人，他都是那副斜目四顾的样子，叫人远远地看见他就知道他不好惹，要是撞上他，非有你好瞧的不可。就这样，他和拉凯斯安然脱险。因为，人们在战场上遇到这样神气十足的人一般都不敢冒犯，而碰上那些抱头鼠窜的人则会穷追不舍。[1]

阿尔基比亚德认为苏格拉底比拉凯斯"要镇静得多"，这一点，拉凯斯自己也是坦率地向朋友承认。在柏拉图对话录《拉凯斯篇》中，拉凯斯说：

---

1 《柏拉图全集》第二卷《会饮篇》，人民出版社 2012 年版。

> 因为我可以向你保证，我看他不仅保持了他父亲的名声，而且维护了祖国的名声。从代立昂撤退的时候他和我在一起，我可以告诉你，如果当时其他人都像他那样，那么我们就不会打败仗了，我们国家的荣誉就可以保全了。[1]

斯特拉波在《地理学》中写到代立昂，顺便说到雅典人在这里打过一仗，色诺芬于战争中落马坠地，全赖苏格拉底之救，得以不死。有人据此推测，色诺芬生于公元前444年，因为他既参加代立昂战役，年龄应该不低于20岁。可是色诺芬本人未曾说起这件事，因此学者们基本已不信此说。[2]

我倒是猜测，是因为苏格拉底屡屡在战场上救人，所以才会传出苏格拉底救色诺芬的说法。

五

公元前422年，年近48岁的苏格拉底第三次参加战斗，这次战役为安菲波利斯之战，这应该是苏格拉底人生中的最后一

---

[1] 《柏拉图全集》第一卷《拉凯斯篇》，人民出版社2012年版。
[2] 色诺芬：《长征记》，商务印书馆2015年版，汉译本序言。

场战役,关于此次战役,历史没有留下太多文献资料。

《申辩篇》轻轻一笔带过:"从前,你们派来指挥我的将军派我去波提狄亚、安菲波利斯、代立昂等地执行军务,我与战友们一道冒着生命危险坚守岗位,后来神指派我过一种哲学的生活。"[1]

苏格拉底参加的安菲波利斯之战,想来也是和前两次战役差不多的遭遇战或者断后战。读苏格拉底,让我想起《三国志》里的赵云。赵云勇猛非常,可是参加的战役大多是后勤断后性质,这让千百年后我们这些"粉丝"为他叫屈,这不是牛刀小试了吗?

不过,退一步说,在性命相搏之时,全身而退,最见胆魄。

江湖传说,1893年,形意拳高手孙禄堂经友人孙绍亭之邀前往定兴。时孙绍亭与当地某拳家有仇。对手邀集北五省武林中之铮铮者百余人前来与孙绍亭决斗。孙绍亭仅邀到孙禄堂一人,即与彼等不期而遇。孙绍亭见彼等人众且皆持器械,转身即逃。孙禄堂无奈,持棍一条,独自应战。此时孙禄堂出手,是不留分寸,上来几人,啪啪几棍,非死即残,然后驻棍震慑,目露杀气。伤彼数十人,余作鸟兽散。

撤退是万万不可转身而逃,这是技击一大忌讳。关于这一

---

[1] 《柏拉图全集》第一卷《申辩篇》,人民出版社2012年版。

点，我想苏格拉底也是心知肚明的。

六

读苏格拉底，总让我想起孔子，反之亦是。两位哲人远隔万里，相隔百年（孔子比苏格拉底早出生八十来年），各自关照的思想领域却有相通之处。仿佛在两人之间存在一条心照不宣又诡异相连的丝线，这也许就是人们津津乐道的"轴心时代"？不管如何，说孔子和苏格拉底身上都渗透着当时人类共同命运的追求和困惑，应该是不会错的。

首先一点，孔子的基因好，这是成为勇者的良好条件。文献记载，孔子的父亲叔梁纥，"有力如虎"，可以轻松托起城门。孔子人称"长人"，力能"招关"。

《列子》云："孔子之劲，能招国门之关。"招，举之意。

《吕氏春秋》云："孔子劲，举国门之关，而不肯以力闻。"

《淮南子》云："（孔子）勇服于孟贲……力招城关。"

《墨子·非儒下》记载：孔子为鲁司寇时，放弃公家利益而去侍奉季孙氏，季孙氏为鲁君之相而逃亡，与邑人争门关，孔子"决植"——撬开托举关门直木——放季孙逃走。推算了一下孔子此次叩关的年龄，应该在三十五岁左右，身强体壮。决植，完全有可能。

清代学者毕沅认为，后人混淆了孔子和叔梁纥的事情，招关的是他的父亲叔梁纥，孔子并没有如此神力。关于这一点，我倒是相信古代文献记载是对的。毕沅，手无缚鸡之力，想当然认为孔子和他一样，只能是文的，真是腐儒得很。

七

苏格拉底和孔子都是觉醒者，安贫乐道，述而不作。苏格拉底改编过一篇伊索寓言，据说，写得不好，除此之外，几乎再没有其他著作了。

对于那些神秘难解的问题，两人都不感兴趣，存而不论。孔子说："未知生，焉知死？"苏格拉底对当时智者们所称的宇宙规律不感兴趣，他常问他们，是不是因为他们以为自己对人类事物已经知道得足够了，因而就进一步研究这一类的题目，还是因为尽管他们忽略了人类事务而研究天上的事情，他们还以为自己做得很合适。

他们向门人传授的，都是政治学，其核心是如何处理好个人和集体的生活。

他们都认为，重建秩序，最重要的是教育。

苏格拉底要"努力恢复古代精神、荣耀和幸福"。夏商周是孔子理想中的黄金时代，可是晚年的他，已久不复梦见周公。

他们都讲"齐家",认为"齐家"是治理更大范围的基础。色诺芬专门记录了苏格拉底和一位贤人关于"齐家"的谈话内容,书名就叫《齐家》。《论语》中虽然没有出现"齐家"两字,但"齐家"的精神贯穿其中,因为仁始于孝。不过,苏格拉底所说的"齐家"涵盖了"农艺",苏格拉底精通农艺;孔子似乎不大考虑农艺,自有束脩和俸禄,所以才会被农人讥讽为"四体不勤,五谷不分,孰为夫子"?子路把这句话转告给孔子后,孔子说:"隐者也。"其实,我倒觉得这就是一个普普通通农人的话,孔夫子是找一个台阶给自己下。

他们都讲孝、悌。色诺芬著作《回忆苏格拉底》里专门有一章,苏格拉底劝告儿子朗普洛克莱,尽管母亲很严厉,做子女的也应该尊敬自己的母亲;紧接着一章,是苏格拉底告诫弟兄之间要和睦。

他们都懂得因材施教。柏拉图的弟弟格老孔眼高手低,一心想从政。苏格拉底就用他惯用的质问方法引导格老孔承认自己完全没有担任所向往职位的必要知识。哈尔米戴斯有才干、熟悉公共事务,苏格拉底就劝他积极参加政府工作。

他们都居住在当时文明的区域范围内,不曾去过所谓的蛮地。除了参加过几次战争不得不奔赴远方,苏格拉底一辈子都待在雅典。苏格拉底对周游列国的兴趣似乎不大。色诺芬著作《回忆苏格拉底》中记载,苏格拉底劝从非洲远道而来跟他学习的阿里斯提普斯，不要老想着到处周游作客，因为路上很危险，行路难。孔子老爱开玩笑，说，道不行，乘桴浮于海；要居九夷，君子居之，何陋之有？不过，他周游列国之后——似乎没见过什么蛮人——就在鲁国故土养老，和苏格拉底一样，一直到白发苍苍。

两位哲人都见过绝世"淫而美"的女子，见面场景都颇具喜感。子见南子，子路不悦。子路不高兴，是因为南子这样风情的女子，自己的老师不应该去见他？又或者是子见南子，老师"有走后门"让南子给卫灵公"吹枕边风"的嫌疑？或者两者都有？孔子立刻赌咒说："绝对没有，如果有，天打雷劈天打雷劈。"

苏格拉底去见当时名妓赛阿达泰的场景倒显得轻松许多。是苏格拉底主动要去见这个风情万种的女人，见面之后，苏格拉底向赛阿达泰传授"勾引术"：就是不要让男人吃太饱。谈话结束前，赛阿达泰向苏格拉底撩拨，被苏格拉底用俏皮话挡回去了。

孔子怀揣济世良策，一有召唤，便会毅然前往，其中就被子路挡住了两回。苏格拉底似乎没有如此强烈的济世情怀，所以，当时一个叫安提丰的人问苏格拉底，你竟然懂得政治，但自己又不参与政治，怎么能想象你会使别人成为政治家？苏格拉底曾一度担任过议员，行使过表决权，但是可以看出，这样的经历并不多，苏格拉底把更多的时间用来思考追寻真理。从这一点上来看，苏格拉底又有点像老子。

八

孔子授六艺，其中御和射，属于武艺的范围。孔子对射术非常自信。子曰："君子无所争。必也射乎！揖让而升，下而饮。其争也君子。"我甚至觉得，此处正是《三国演义》里"关羽温酒斩华雄"的故事原型。

美国政治哲学家施特劳斯读完色诺芬的《齐家》后猜测，苏格拉底可能既教了理家术，也教了统兵术，一种是和平的，另一种是尚武好战的。

孔门弟子冉求善于率兵攻城，如此想来，孔子很可能也精于此道。卫灵公问陈于孔子。孔子对曰："俎豆之事，则尝闻之矣。军旅之事，未之学也。"孔子说自己"军旅之事，未之学也"。其实是一句托词，因为孔子此时已知卫灵公不可用，没必要再使出浑身解数，祭出什么法宝来。

实际上，苏格拉底和孔子对勇武的看法也是相同的，勇武只是器、术的范围，重要的是，通过勇武而得到的美德，更为可贵。

对于孔子来说，武只是窥探道的门径，所谓"游于艺"，武并不是道的全部。《吕氏春秋》云："孔子劲，举国门之关，而不肯以力闻。""不肯以力闻"，正是圣人之风。

子曰："知者不惑，仁者不忧，勇者不惧。"有武者，必定有勇。而在此处，"勇"是与"仁"并列的特质。

子曰："有德者，必有言；有言者，不必有德。仁者，必有勇，勇者不必有仁。"而孔子再一细究，勇、武又只能居于末等。

波提狄亚城陷十多年之后，在阿伽松家中举行的会饮上，喝醉酒的阿尔基比亚德提到波提狄亚战役也只是为了说明苏格拉底"如此有克制力"。

他们都认为，勇敢、明智、自制、不自夸是一种美德，其中的自制，尤其显得重要。苏格拉底说，每一个人的本分岂不就是把自己看作一切德行的基础，首先在自己心里树立起一种自制的美德来吗？自制，用孔子的话说，就是"克己"。

孔子曰："一日克己复礼，天下归仁焉。"

九

孔子有爱徒子路和颜子，正如苏格拉底有两位得意门人色诺芬和柏拉图。子路、色诺芬以勇武统帅闻名，颜子、柏拉图得老师三昧。

不像孔子和颜回之间的正襟危坐，孔子和子路之间的对话，要有趣得多。

《孔子家语·子路初见篇》记载，子路初见孔子，孔子问："你有什么爱好？"子路答："喜欢长剑。"孔子说："我不是问你这个，我们谈谈学习。"我觉得这里的孔子挺没趣的，你好歹得比划一下。

子曰："道不行，乘桴浮于海，从我者，其由与！"子路闻之喜。子曰："由也好勇过我，无所取材。"

这是孔子对子路武艺的调侃，孔子的潜台词是：乘桴浮于海，他与子路两个人就够了，可以横行江湖而无事。

子路之死，甚为悲壮。

《左传·哀公十五年》记载，卫国之乱，太子蒯聩挟持了他的外甥孔悝。当时子路是孔悝的朝臣，而在卫国的朝廷里还有孔子另一名学生子羔。子羔眼看状况不对，就逃离了卫国，要到陈国去，刚好碰到了要从陈国回卫国的子路。

子羔说，城门已经关闭。子路还是执意要回卫国。

子羔劝道："弗及，不践其难。"——"权力不在自己手里，不要去遭受祸难。"

子路答："食焉，不辟其难。"——既然已经吃了他的俸禄，不能躲避祸难，这是孔子教导的"信"和"明知不可为而为之"。

子路入城，子羔出城，生死交臂。

子路在城里大声说："太子没有勇气，要是放火烧台，烧到一半，他一定会放掉孔悝。"子路是鼓励众人纵火焚台，以救孔悝。

太子闻之，惧，让石乞和盂黡下台击杀子路。石乞和盂黡手握长兵器，以众敌寡，居高攻下，子路不敌，帽带被截断。

子路说："君子死，冠不免。"——君子死了帽子也不能脱掉。子路"结缨而死"，被斩成肉酱。

子路绑好帽带正冠而死的冠，当然是儒冠。遥想当年，子路是戴着雄鸡的冠来见孔子，以示好勇。易冠，是子路表示对孔子的五体投地。

《礼记·檀弓篇》记载，孔子在正室前庭哭子路。有人来慰问，孔子就以主人的身份答拜。孔子哭过之后，就召见赴告的使者，问子路是怎么死的。使者说："被斩成肉酱！"孔子就叫人把所有的肉酱倒掉——不忍视之。

后人认为，《礼记·檀弓篇》特意提及孔子在正室前庭哭子路，是表示孔子失礼。这很有见地，不过太过冷血。孔子，当然不可能不知道这是失礼。孔子的年岁，算一算已过古稀，先失去颜回再失去子路，就让孔夫子在大庭广众之下不合礼法地痛哭，那又有什么关系？

君子尚武乎？

苏格拉底死在色诺芬之前,死前簇拥着深爱自己的人,可谓是死得其所;爱徒子路和颜子都是死在孔子之前,孔子就显得悲哀可怜了。

从剑舞看杜甫"凤凰"意象

一

大历二年(767)十月十九日,身衰体病、客居夔州孤城56岁的杜甫,在夔州长史元持家里看临颍李十二娘剑器舞。看她舞剑时,老杜似乎没有做出凑上前去、细细观看的动作,要是在以前,他一定是坐不住的。他应该是看完之后,感叹其舞姿雄浑多姿,才问其所师。李十二娘答,她是公孙大娘弟子。这一问,卷起苍山云海。

我能想象,在暮色苍茫之中,老杜刚听到这一句回答,无意识地睁大了昏花的眼睛,从喉咙深处发出一声长长的"哦"。老杜理所当然会想起五十年前家人带着还是小孩的他挤在人群里去见识公孙大娘舞剑的那个遥远下午。

现在,他感到自己已经老得不行了,好友李白和老被他调侃的郑虔先后离世。他不会知道,写下这首诗之后,自己的生命也只剩三年。

五年前，老杜的体能还是不错的。宝应元年(762)，严武被召还朝，自己的靠山被抽走，51岁的老杜依依不舍，坐船一直送了三百多里(这是要体能的)，从成都送到绵阳，老杜还兴致勃勃看了两场打鱼，写了两首诗《观打鱼歌》和《又观打鱼》。这两首诗都算不上是老杜的名篇，不过江弱水先生在他的《湖上吹水录》里有一篇很好看的分析文章——"但杜甫居然走近去，眼睛盯着看，小鱼怎么样，大鱼怎么样。我们可以想象，杜甫写出这样一些诗句，他肯定处在什么样的一个观察位置。他是穿着长筒胶靴下去的。"

我关心的，还是这个时候老杜的身体状态，他还算是精力旺盛，虽然顶着一头早生的华发。这和之后看剑时的衰老，形成鲜明对比。

二

关于剑器舞的舞者手里有没有剑，看法不一。有人根据《文献通考》等材料认为，公孙大娘不应该手持双剑，给杜诗作注的清朝仇兆鳌也是如此认为。陈寅恪和冯至认为，公孙大娘是持双剑。从习武的角度来看，我认可后者的说法。

杜甫在序文中提到，张旭看过公孙大娘舞西河剑器之后，草书精进。对草书有借鉴作用的，只能是剑法。

《观公孙大娘弟子舞剑器行》正文有如下四句：

爌如羿射九日落，
矫如群帝骖龙翔。
来如雷霆收震怒，
罢如江海凝清光。[1]

"爌如羿射九日落，矫如群帝骖龙翔。"是说公孙大娘身法矫健剑法快，身子和剑笼罩在剑光之中。"来如雷霆收震怒"，是说剑一起势，就气势非凡。而最妙的，要数四句中的最后一句："罢如江海凝清光"。

何为"罢如江海凝清光"？武林之中有句行话，打拳看转身，从公孙大娘弟子的"矫"字，可以看出她的转身一定非常漂亮。研习武艺，把拳和兵器打快，勤加练习，狂妄一点说，都不难，难就难在陡然收势，尤其是转身之后的陡然收势，还能做到不拖泥带水，不摇摇晃晃，平稳干净，那就要数十年功力——这就是"罢"。公孙大娘在一通疾风骤雨的剑法之后，陡然收势，像跑车漂移过弯道陡然停车，剑光如车尾灯的光，滑过一道弧线，再凝聚，干净漂亮，这就是"罢

---

[1] 本文引用的杜诗，皆出自仇兆鳌《杜诗详注》，中华书局2015年版。

如江海凝清光",你说能不"观者如山色沮丧,天地为之久低昂"吗?

三

冯至在《杜甫传》里说:

> (杜甫少年)那时因为一般的生活安定,到处流传着所谓祥瑞出现的消息,各地的官吏都爱捏造些某处有瑞草产生、某处有凤凰飞降的新闻报告给朝廷,以讨得君王的欢心。杜甫也常常听到这类的传述,如今他由于公孙大娘的舞姿,不难在他儿童的幻想里看见凤凰的飞翔,所以他在第二年七岁起始学诗时,一开首就作了一首歌咏凤凰的诗。[1]

这是非常独到的判断。冯至还数过:"不管作为直接歌咏的对象,或是作为比喻,提到凤凰的作品不下六七十处。"[2] 我不得不佩服冯至读杜诗认真。凤凰意象,确实贯穿了杜甫一生

---

[1] 冯至:《杜甫传》,人民文学出版社1953年版,第15页。
[2] 同上。

的作品。

  站在冯至的肩膀之上,我想尝试解答一个问题:从看公孙大娘舞剑到杜甫儿童幻想里的凤凰飞翔,为何会如此水到渠成?这就要从杜甫对剑舞以及对剑的具体感受说起。

  唐朝,曾经是一个多么辉煌的朝代。随着丝绸之路的开通,各种各样实战性和观赏性俱佳的武舞开始出现。剑舞,只是其中的一种。当时有"破阵乐"舞,跳舞的人执戟执戈;有"大面"舞,舞中有仿效兰陵王的刺击动作;还有狮舞;还有矛舞,陆龟蒙有一首专门写矛舞的诗《矛俞》,现在读来有点难懂了,不过从字面来推断,应该是一种实战性很强、有阵法、有对练的武舞。矛飞旋("手盘风"),排兵布阵("卓植赴列"),凶险非常("刺敲心,留半线")。

  谈剑舞,除开公孙大娘,还有一位绕不开,那就是民间传说剑术天下第一的裴旻,唐代开元年间人,正史《新唐书》记载:唐文宗时,诏以李白歌诗、裴旻剑舞、张旭草书为"三绝"。

  唐朝《独异志》称,裴旻因母亲去世,想请大画家吴道子在天宫寺作壁画超度亡魂。吴道子说,好久没作画了,笔头生疏了,如果裴将军一定要我画,只好先请将军舞一曲"剑舞",好启发一下灵感。裴旻当即脱去孝服,穿上平时衣服,"走马如飞,左旋右抽",突然间,他露出一招绝活,"掷剑入云,高数十丈，若电光下射"，然后用手持的剑鞘接住，使其直入鞘中。数千名围观者为之震惊，赞叹不已。吴道子也被震住了，于是挥毫图壁，飒然风起，一幅"为天下之壮观"的壁画很快绘成。[1]

《独异志》里裴旻这段故事确实精彩，被原原本本收进《太平广记》。[2] 掷剑入云，再用剑鞘接住，这需要极好的眼力和控制能力。

唐朝，乔潭作的《裴将军剑舞赋》中也提到，裴旻献戎捷於京师，上御花萼楼，大置酒，酒酣，皇帝诏将军舞剑，为天下壮观。裴旻这个人，对穿着似乎十分在意，他身穿虎裘，威风凛凛上御花萼楼，为了剑舞方便，就脱去上衣，露出身体的一部分，且"攘臂"，挽起衣袖，干净利落，挺胸跨步地走上舞台。裴旻"或连翩而七纵，或瞬息而三接"，表演了和掷剑入云一样高超的剑术。

四

唐朝剑舞的兴起，其实要从刀的普及开始说起。汉朝时，

---

1 李冗：《独异志》卷中《吴道子》，中华书局1983年版。
2 李昉：《太平广记》卷二百一十二画三《吴道玄》，中华书局1970年版。

用于劈砍的环首刀在战场普及。剑，慢慢地从战场上大规模退出。

《汉书》记载：

（隽不疑见暴胜之）门下欲使解剑，（隽）不疑曰："剑者君子武备，所以卫身，不可解，请退。"吏白（暴）胜之。胜之开阁延请，望见不疑容貌尊严，衣冠甚伟，胜之躧履[1]起迎。[2]

《汉书》这段故事记载了剑使用的一个清晰脉络：剑从战场上退出来之后，重新为君子所拾，再次被赋予"礼"的色彩。何谓"剑者君子武备"？礼也，君子不常用耳。

剑大规模从战场退出之后，代替的是刀和弓[3]。刀是贴身武器，弓用来射远。《新唐书》记载：

（裴）旻尝与幽州都督孙佺北伐，为奚所围，旻舞刀立马上，矢四集，皆迎刀而断，奚大惊引去。后以龙华军使守北平。北平多虎，旻善射，一日得虎三十一，休山

---

[1] 躧履 xǐ lǚ，指趿拉着鞋。
[2] 班固：《汉书》卷七十一《隽不疑传》。
[3] 此处专论贴身兵器，长兵器见"梨花枪篇"。

从剑舞看杜甫"凤凰"意象

下。有老父曰："此彪也。稍北，有真虎，使将军遇之，且败。"旻不信，怒马趋之。有虎出丛薄中，小而猛，据地大吼，旻马辟易，弓矢皆堕，自是不复射。

刀和弓，是实用性极好的装备，适合行军打仗。《水浒传》里写到宋人出远门，随手拿一把朴刀，《金瓶梅》里写到西门庆仆人出远门，也是顺手挎一张弓。

习刀和习剑的感受截然不同。拿着剑，感觉手里轻盈，灵动；拿着刀，却是沉甸甸的。所以，杨志街头卖刀，林冲抱着好刀误入白虎堂，如果把两个人的兵器换成剑，故事的"重量"和"张力"也许会减弱许多。

不过，我们不能忽视一个历史细节：从汉朝开始，剑固然从战场大规模退出（所以正史里的裴旻是横刀挎弓立马，剑舞只是表演性质），剑法却一直被民间所保存，这有点"礼失求诸野"的味道。唐朝，剑术到达巅峰，这也和当时的任侠风行相呼应。所以，我们才能在唐诗之中屡屡读到"剑"字。白居易甚至能在路边拾到剑。[1]

与此同时，剑舞的出现，正是剑术到达巅峰之后水到渠成

---

[1] 白居易《折剑头》："拾得折剑头，不知折之由。"见谢思炜：《白居易诗集校注》，中华书局2009年版，第60页。

的一种展现。现在的我们读唐朝剑舞记载，也许会觉得"花里胡哨"，殊不知"花里胡哨"里头依旧藏了真东西，就像武林之中将单把和杀招藏于套路之中一样。

唐段成式《西阳杂俎》中记载一位兰陵老人的剑舞，"拥剑长短七口，舞于中庭，迭跃挥霍，批光电激，或横若裂盘，旋若规尺"。这种空中抛好几把刀剑，你可以说是杂技，就像裴旻掷剑入云一样，不过兰陵老人如此娴熟的运剑术，早已把得罪他的京兆尹吓得当场发抖。在京兆尹看来，兰陵老人的剑术，实战得很。

唐朝之后，由于种种原因，剑术似乎慢慢失传。从另一个历史细节我们也可以看出端倪，相比唐诗，宋诗的"剑"字突然减少。

转过头再看杨志街头卖刀，林冲抱着好刀误入白虎堂，习剑之余细细端详手中未开锋的龙泉剑，我就会有一股莫名的忧伤。因为，我错过了刀、剑、弓三种武器并用的唐朝。

五

在唐朝老杜看来，刀、剑、弓都还是很实用的。

安史之乱之前，老杜不需要带兵器，"九州道路无豺虎，远行不劳吉日出"。[1] 局势变乱之后，杜甫如果真要带兵器出门，最有可能是刀、剑、弓随意组合。我猜测，杜甫很有可能是懂武的。

首先，杜甫弓马娴熟。青年时代在青丘游猎，能一箭射中鹭鹚，霎时鹭鹚[2]坠落马前，甚是潇洒。[3] 杜甫卧病夔州时，在《壮游》一诗中回忆了早年这段快意生活："春歌丛台上，冬猎青丘旁。呼鹰皂枥林，逐兽云雪冈。射飞曾纵鞚，引臂落鹭鹚。"

其次，杜甫也见识过腰刀的实用。长安沦陷前，杜甫开始流亡，由于过度疲劳，陷在蓬蒿里不能前进。他的表侄王砅在极危险的关头，把自己乘坐的马借给老杜，王砅右手持腰刀，左手牵缰绳，带着老杜走出险境。"自下所骑马，右持腰间刀。左牵紫游缰，飞走使我高"[4]，在如此情景之下，老杜当然明白腰刀的实用性可以保命。

我们想象李白是带剑的，酒后拔剑起舞；而杜甫是挂杖的，倚杖远眺叹息。由于生活所迫，杜甫成为一个实用主义者，这很正常。所以，他会向人借桃树枝百根，喜滋滋地盼着桃树长大，因为桃树长大后，桃子可以果腹，桃枝可以当拐杖，一

1　杜甫：《忆昔》。
2　一种凶猛贪残的水鸟。
3　杜甫：《壮游》。
4　杜甫：《送重表侄王砅评事使南海》。

举多得。所以，建草堂时，他会拔掉恶竹，因为竹子不实用。

广德元年(763)，有人送他一根桃竹杖，老杜很是开心，写了一首情感真挚的《桃竹杖引赠章留后》，巧的是，这首诗同时提到"剑"和"杖"，诗中曰：

路幽必为鬼神夺，拔剑或与蛟龙争。

习武之人知道，杖和剑，气质相通，杖法暗藏剑法。诗的最后，是老杜一大段对杖的可爱咏叹：

重为告曰：杖兮杖兮，尔之生也甚正直，慎勿见水踊跃学变化为龙。使我不得尔之扶持，灭迹于君山湖上之青峰。噫，风尘澒洞兮豺虎咬人，忽失双杖兮吾将曷从。

把这段咏叹用于剑，依旧说得通。唐朝的剑，由于实用性和观赏性并重，再加诸剑身千百年来一如既往的"君子气"，使得杜甫笔下的"剑"，少写实多象征。如"吾为子起歌都护，酒阑插剑肝胆露"[1]。

在《前出塞九曲》中，杜甫写到刀、弓、剑三种兵器。

---

[1] 杜甫：《魏将军歌》。

从剑舞看杜甫"凤凰"意象

其三曰：

磨刀呜咽水，
水赤刃伤手。

其六曰：

挽弓当挽强，
用箭当用长。
射人先射马，
擒贼先擒王。

两处中的刀和弓，都非常写实。可是一提及剑，写实的气息减弱，神异的象征味道加重。其八曰：

雄剑四五动，
彼军为我奔。

据仇兆鳌所说，杜甫此处的"雄剑"，兼用两处典故。一是太阿退敌。《越绝书》说："楚王作铁剑三枚，晋郑王闻而求之不得，兴师围楚之城，三年不解。楚引太阿之剑，登城而麾之。

三军破败，士卒迷惑，流血千里。"二是宋青春之剑。开元中，河西将军宋青春，每战运剑大呼，敌人笑之：常见青龙突阵而来，兵刃所及，如及铜铁，以为神助。"雄剑四五动"，可以感受到挥舞雄剑的潇洒自如。

需要说明的是，我们不能从杜甫笔下的剑"象征性盖过实用性"，就推断出，杜甫认为剑并不实用。我们需要把杜甫笔下的剑，放在唐朝剑术和剑舞都到达巅峰这个大背景来考察。在我看来，壮游时的杜甫和任侠李白的气息是相通的，只是一位持剑，一位拄杖。

六

杜诗中出现"凤""凰"比比皆是。说凤凰是大唐的吉祥物，也不为过。在杜诗中，老杜用"凤历"指"年历"，用"凤阙"指宫廷，用"凤凰城"指"长安"，他歌颂过天子所乘的"凤辇"，细细看过凤凰池，仔细摩挲过官服上的凤凰图案[1]，途经"凤翔县"[2]，写过"凤林县"[3]……我相信，就算是这些带有"凤"字的名字，也一再暗示老杜诗中的凤凰意象。

---

1 《北征》："天吴及紫凤，颠倒在裋褐。"
2 《北征》："回首凤翔县，旌旗晚明灭。"
3 《〈秦州杂诗〉之十九》："凤林戈未息，鱼海路常难。"

杜诗中凤凰意象丰富、绚丽，跟着凤凰读杜诗，有点像从犀牛的角钻进，一直钻进杜甫这只犀牛的内心，洞悉他的心境。整体说来，老杜笔下的凤凰意象是从轻松到沉重，从乐观到凄苦，直到最后的牺牲、涅槃，读来让人动容。

老杜七岁开口咏凤凰，可惜的是这首诗并没有流传下来。《杜诗详注》中收录，老杜第一首写到凤凰的诗是《赠特进汝阳王二十韵》，这是他结束壮游、到达长安之后写的，"笔飞鸾耸立，章罢凤骞腾"，用凤凰比喻自己华丽的文采，读起来自信满满，像一个阳光少年。之后几首写到凤凰的诗，多是自比，这是杜甫壮年的心境。

天宝十四载（755），安禄山起兵。第二年，杜甫从长安流亡，流亡途中发生了杜甫表侄王砅搭救他的那一幕。在流亡前夕，老杜写下了《晦日寻崔戢李封》，诗中曰：

威凤高其翔，长鲸吞九洲。

威凤高飞，贤人远去，九州被鲸吞。老杜笔下的凤凰意象开始出现无奈、凄苦的气息，可是凤还是威武雄壮，不改其模样。

至德元载（756），老杜闻肃宗在灵武即位，便从鄜州城只身北上投奔肃宗，可刚一出发，就被胡人捉住，被送到沦陷的长安。"也许因为他当是既没有地位，也没有声名，胡人并没有把这个年龄才四十五岁便已满头白发、未老先衰的诗人放在眼里。"[1]

至德二载(757)，困居长安的老杜游大云寺，他在《大云寺赞公房四首》其三中写道：

玉绳回断绝，铁凤森翱翔。

这里提及的凤凰，虽然只是一个建筑构建，但其铁的材质不容忽视。因为老杜此时诗中的凤凰意象开始变得沉重。这和发端于他童年看到剑舞而想象出来的轻盈华丽的凤凰意象已经有所区别。"朱门酒肉臭，路有冻死骨"的经历，悲天悯人的情怀，让老杜看到凤凰的沉重，也看到自己"沉重的肉身"。

铁凤凰还出现在老杜写于大历元年(766)的《赠崔十三评事公辅》：

阴沉铁凤阙，教练羽林儿。

凤阙是指宫阙，只是"阴沉铁凤阙"这一句连起读，让人

---

[1] 冯至：《杜甫传》，人民文学出版社1953年版，第64页。

不省心。

乾元二年（759），看尽人间疾苦，已经写出"三吏""三别"的老杜，对政治失望，弃官西归，度陇，客秦州，十月往同谷，在同谷写下《凤凰台》。从此，无母凤雏的意象，在他的胸中久久回荡，他宁愿牺牲自己的生命，把心当作"竹实"，把血当作"醴泉"来饲养这个瑞鸟。这瑞鸟便会从天空中口衔瑞图，飞入长安，就可以"再光中兴业，一洗苍生忧"了。至此，杜甫诗中的凤凰意象才到达最高处。从这一条脉络贯穿下去，在老杜之后的《茅屋为秋风所破歌》与《朱凤行》之中，都能感受他一颗崇高、甘于牺牲的心。

以《观公孙大娘弟子舞剑器行》为界，分开老杜写凤凰的诗，后半段读来虽然依旧凄苦，却多了"失望"和"愧对"这两层意思，读到老杜"人之将死"时的心境，让我五味杂陈、眼眶湿润。

"北风破南极，朱凤日威垂。洞庭秋欲雪，鸿雁将安归。"[1] 朱凤日威垂，比喻自己流离失所、鸿雁无归。

"灵凤在赤霄，何当一来仪。"[2] 从这一句可以读出老杜对凤凰迟迟不来的失望，他有点等不及了。

1　杜甫：《北风》。
2　杜甫：《幽人》。

《入衡州》应该是杜甫最后一首提到凤凰的诗。诗曰:"下流匪珠玉,择木羞鸾凰。"《杜诗详注》曰:"下流",谓身居卑贱;择木,愧不能见几。正如我一位友人所言,这也是垂老的杜甫在战乱间颠沛流离的心境:喟叹于乱世诗人的凄苦命运。谢安之兴、张良之贤、嵇康之疏狂再也无处横溢!恰如珠玉无清流可息,鸾凤无良木可择。虽不算绝望,却也悲伤到极致了。

七

江弱水说:"老杜喜欢马,喜欢赤鲤,只因为都具有龙性。"这句话很精彩。

凤凰,只是杜甫中意的诸多"神物"之中一种。他笔下的"神物",如龙、凤凰、马、鹰、白鸥、鲤鱼,甚至连手杖都具有龙性,里头最绚丽的,当属凤凰;最务实,实用性和超越性兼具的,是骏马。

我曾尝试在杜诗中标出各种"神物"诗句,只读了两百多页,就只能选择放弃,因为老杜写到的"神物"确实太多,标签贴得密密麻麻。我转头一想,相对今人,古人描写的事物毕竟简单,如果避开马、花、树之类的日常事物,古人甚至写不了诗,而老杜对事物又独具慧眼,在日常事物中屡屡找出"龙性",我又一次望杜诗兴叹。

不过，我在标注了两百多页的"神物"之后，发现老杜早期诗歌遣词造句的一个特点。试举两个例子。

  老骥思千里，饥鹰待一呼。[1]
  饥鹰未饱肉，侧翅随人飞。[2]

老杜在歌颂马的同时，会习惯举头歌颂对应的飞翔的神物。我不知道老杜自己有没有意识到，这样，他的视线就在大唐苍茫大地上构成一个巨大的锐角，这个无处不在的巨大锐角，就是他内心所追求的超越。这种超越达到极致绚烂，就是凤凰当空翱翔。

"灵凤在赤霄，何当一来仪。"晚年的杜甫最终没能等到这种超越，不管是个人温饱还是国家祥瑞太平，都没能如他所愿。他临死之际，应该会看到绚丽的凤凰翱翔在凄风苦雨的湘江之上。这时，他的记忆如江水倒流，回到数十年前家人带着还是小孩的他挤在人群里去见识公孙大娘舞剑的那个遥远下午。

---

1 杜甫：《赠韦左丞丈济》。
2 杜甫：《送高三十五书记》。

辛弃疾"醉里挑灯看剑"

"醉里挑灯看剑"

宋淳熙十年(1183)春，落职闲退上饶的44岁辛弃疾，收到41岁友人陈亮从永康寄来的书信。

陈亮在信里说，空闲没事可做的时候，总会想起两个人在临安时的相聚，"平生所谓学者又皆扫荡无余，但时见故旧则能大笑而已"。[1]

《辛弃疾集编年笺注》作者辛更儒认为，辛弃疾、陈亮的友谊深厚。[2] 陈亮来信求词，辛弃疾岂能无以答乎？所以，就在这一年春夏寄去了那首著名的《破阵子·为陈同甫赋壮词以寄之》(醉里挑灯看剑阕)。

有人认为辛弃疾这首词当作于五年之后的"鹅湖之会"结

---

[1] 《陈亮集》卷二十一《与辛幼安殿撰》，中华书局1974年版。
[2] 至少在淳熙五年(1178)，辛弃疾和陈亮就已经相识。淳熙五年，辛弃疾召为大理少卿，陈亮在《与吕伯恭正字书》《与石天民书》中提及此事。

束不久。不过，我认可辛更儒的看法，除了辛更儒对辛弃疾"岂能无以答乎"的推断，我也有几点浅见。

"鹅湖之会"后，辛弃疾寄给陈亮的三首词，辛弃疾都做了详细的注，也有陈亮的和词存世，词来路明矣。辛弃疾作的这三首词，都回忆了两人快意长谈又不得不惜别的场景，而《破阵子·为陈同甫赋壮词以寄之》（醉里挑灯看剑阕）中就没有上述这种场景。

"鹅湖之会"后，辛弃疾寄出第一首词《贺新郎·陈同父自东阳来过余》（把酒长亭说阕），陈亮马上寄来一首和词《贺新郎·寄辛幼安和见怀韵》（老去凭谁说阕），其中有一句"二十五弦多少恨"，遥应辛弃疾《破阵子·为陈同甫赋壮词以寄之》（醉里挑灯看剑阕）中的"五十弦翻塞外声"。[1] 这也可以佐证后者是辛弃疾在"鹅湖之会"之前所作。

"醉里挑灯看剑"，起始六字，豪气干云。历代注释者对这一句也是草草，少有注释，无他，唯"简单明白"尔。"醉里挑灯"四字好解：酒醉中拨亮灯火；可是"看剑"两字，却要费一番思量了，只是简单地"端详着宝剑"吗？

应该是杜甫最早把"看剑"两字入诗。老杜早年壮游齐

---

[1] 《史记》卷一二《孝武本纪》："泰帝使素女鼓五十弦瑟，悲，帝禁不止，故破其瑟为二十五弦。"

人物篇

赵，在一个有风无月的夜晚，推开左氏山庄，暗水花径古琴，有书有剑有酒。唐朝剑法鼎盛，宴席上常有舞剑助兴。那位现在已经不可考的左庄主也举办了宴席，亮出了宝剑，也当有一番舞剑。"检书烧烛短，看剑引杯长。"[1] 老杜笔下的"看剑"，或许就是暗写剑舞。

老杜诗成之后，"看剑"两字屡屡被宋人引入诗词，我也"检书烧烛"了一番，发现至少有四十几处，而且以南宋词人居多。南宋士人的愤懑，可谓溢于这两个字之上。辛弃疾的朋友范成大和陆游，也曾"看剑"，"分弓了，看剑罢，倚阑时"；"看剑心犹壮，开书眼渐明"。辛弃疾"醉里挑灯看剑"，这个为大家熟知的动作，其实是南宋士人的常态。

陆游也是英雄盖世，曾用剑刺虎，[2] 绝对是用剑高手。像辛弃疾、陆游这样的盖世英雄握剑在手，绝对会技痒，不会只是端详这么简单。

2018年，我开始研习剑法，我的老师一再告诫"眼睛要看着剑尖"，尤其是在出剑之后，剑尖已经刺到假想敌人时。

仆，凡夫俗子，学剑之后，一握龙泉剑，右手手腕就会自然翻转，然后一招前刺，呼气，眼看剑尖，体会力贯剑尖，剑

---

[1] 杜甫：《夜宴左氏庄》。
[2] 陆游：《怀昔》。陆游不止一次刺杀过老虎，他在《十月二十六日夜梦行南郑道中既觉恍然揽笔作》中写道，还用戈刺杀老虎。

身嗡嗡振动。我握剑时如此,料想辛弃疾、陆游握剑也应该如此。原来这就是"看剑"!

简单来说,"看剑",不是简单地拿着剑端详,而是在用剑出击时,眼看剑尖。习武讲究"眼到手到"("眼到手到"的同时,是"一击必杀"),这是对眼神的一种训练,关乎神、威的凝聚和准确性的培养。陈亮形容辛弃疾"眼光有棱",辛弃疾的眼神当然是可怕的。

习剑之后重读这六字,我脑海中马上会有画面。淳熙十年(1183),一个深夜,魁梧雄壮的辛弃疾喝醉酒,把灯火拨亮,拔出好多年没饮血的佩剑,情不自禁地舞了几个凶猛的剑招,剑划过黑夜,呜呜有声,他看着剑尖,想起"气吞万里如虎"的军旅生涯,强壮的右臂一发劲,将剑狠狠地插在地上,瞬间悲从中来,"可怜白发生"。

"我病君来高歌饮"

陈亮,早年生活困苦,恃才傲物,桀骜不驯,以布衣身份多次上书论国事,强硬主战,可称得上南宋第一狂士。陈亮这样的狂士,与吕祖谦是至交。陈亮住永康,吕祖谦住金华,两地相近,年龄相仿(吕祖谦比陈亮年长6岁),在两人的通信之中,陈亮满肚子牢骚,吕祖谦是满满的鼓励。

由于生活窘迫，陈亮曾一度有过弃学经商的念头，吕祖谦就在信中劝道：

里居为况，必甚适，闻便欲为陶朱公调度，此固足少舒逸气，但田间虽曰伸缩自如，然治生之意太必，则与俗交涉，败人意处亦多，久当自知之。恃契爱之厚，不敢不尽诚也。[1]

陈亮怀揣名刺，却无所之适。他在吕祖谦面前毫不保留，摊开自己的绝望和愤懑：

亮本欲从科举冒一官，既不可得，方欲放开营生，又恐他时收拾不上；方欲出耕于空旷之野，又恐无退后一着；方欲俛首书册以终余年，又自度不能为三日新妇矣；方欲杯酒叫呼以自别于士君子之外，又自觉老丑不应拍。每念及此，或推案大呼，或悲泪填臆，或发上冲冠，或拊掌大笑。今而后知克己之功、喜怒哀乐之中节，要非圣人不能为也。海内知我者，惟兄一人。[2]

---

1 吕祖谦：《东莱吕太史别集》卷十《与陈同甫》，浙江古籍出版社2008年版。
2 《陈亮集》卷十九《与吕伯恭正字》。

淳熙八年（1181），吕祖谦病逝。陈亮内心孤独寂寞，"平生所谓学者又皆扫荡无余"，故旧又凋零，所以他才会提笔给闲退上饶的辛弃疾写信，想在淳熙十年（1183）秋天去看辛弃疾。

不知是什么原因，那年秋天，陈亮没有去上饶访辛弃疾，随后他蒙冤入狱，再出狱，直到五年之后的淳熙十五年（1188）冬季，两人才得偿此愿。这一年冬天，陈亮从永康一路冒着大雪而来，奔波数百里，推开上饶辛弃疾的家门。

辛弃疾刚好卧病在床，以他平日写的饮酒词推断，应该是痛饮得病。辛弃疾爱痛饮，他在南归不久写的《满江红》（倦客新丰阕）里写道："休感慨，浇醽醁。"醽醁是美酒，"浇"字用典阮籍。[1] 从绍兴三十二年（1162），23岁的辛弃疾南归至今，胸中的垒块，已经浇灌了二十多年。

辛弃疾见陈亮来，抵掌高歌大笑，惊散楼头飞雪，重进酒，换鸣瑟，横空盘硬语，笑富贵千钧如发。

陈亮和辛弃疾有太多相像的地方。两人年龄相仿；陈亮"为人才气超迈，喜谈兵，议论风生，下笔数千言立就"[2]，辛弃疾斩杀义端，带五十骑于五万金营之中绑叛将张安国，束马衔枚，日夜不粒米，生擒至临安斩杀，何其雄壮，文墨议论英

---

[1] 《世说新语·任诞》曰："阮籍胸中垒块，故须美酒浇之。"
[2] 《宋史》卷四三十六列传第一百九十五《陈亮传》。

人物篇

伟磊落，笔势浩荡；两人都是主战"死忠粉"，屡屡上书，政见有许多相同之处，却都不被采纳；两人都自比天下一流人物，想立不世之功，却郁郁不得志，愤懑满腹。

陈亮在上饶停留十日，与辛弃疾同游鹅湖，共酌瓢泉，众所周知，陈亮还约朱熹于紫溪一同相聚，可惜朱熹没来，陈亮飘然东归。最妙的是，陈亮走后第二天，辛弃疾非常思念，就出门去追陈亮，赶到鹭鸶林，雪深泥泞，不能再前进，辛弃疾只得独饮方村，内心怅然良久，颇恨没能挽留。辛弃疾夜半投宿吴氏泉湖四望楼，听到悲切的笛声，就写下来《贺新郎·陈同父自东阳来过余》(把酒长亭说阕)，下半阕如此吟唱：

> 佳人重约还轻别。怅清江天寒不渡，水深冰合。路断车轮生四角，此地行人销骨。问谁使君来愁绝？铸就而今相思错，料当初费尽人间铁。长夜笛，莫吹裂。

辛弃疾一语双关，从错失追逐陈亮之误，引发今日之偏安半壁，皆有当初绍兴和议以及隆兴和议所铸成大错之叹。

"笛吹裂"也是辛弃疾一再引用的意象。在他刚刚南归写下的《满江红·中秋寄远》(快上西楼阕)中就有一句"但唤取玉纤横管，一声吹裂"。这一声凄厉的笛声，与他心中的垒块一样，横亘了二十多年，让千百年之后我们读来，恍如在耳。

五万众中缚取张安国

跳出时局俯瞰辛弃疾,他可谓是生不逢时,生不逢地。

绍兴十年(1140),辛弃疾出生于山东东路济南府历城县(今山东省济南市历城区),祖父辛赞为亳州谯县令。也就是说,辛弃疾实际出身于金朝领域,祖父在金朝为官。辛弃疾在《美芹十论》里提到自己敬佩的祖父时说:

> 大父臣赞,以族众,拙于脱身,被污虏官。留京师,历宿、亳,涉沂、海,非其志也。

南宋朝廷对"归正人"都有猜忌,何况是对在金朝任官的辛赞。辛弃疾这一句"非其志也",在南宋朝廷读来一定是苍白无力。

事情还不止如此。辛弃疾从学于刘瞻。刘瞻,金天德三年,中进士,召为史馆编修,卒于官。身为刘瞻的门生,在金朝前景应该是不错的。辛弃疾的同学党怀英后来就在金朝任高官。

辛弃疾有两次燕京之行,当在 15 岁和 18 岁,按辛弃疾自己的说法是:

> 大父臣赞……尝令臣两随计吏，抵燕山，谛观形势。

实际上，辛弃疾这两次远行，很有可能是参加金朝的科举考试。金朝科举制度参照宋朝，三年一辟。辛弃疾在 15 岁那年，应该是通过了府试，所以在 18 岁那年进燕京考试，辛弃疾是否登第，辛更儒先生认为很难考证。

绍兴三十一年（1161），金攻宋，22 岁的辛弃疾聚集两千人起义，最后依附势力更为壮大的耿京，为掌书记，劝耿京决策南向。

《宋史·辛弃疾传》记载：

> 僧义端者，喜谈兵，弃疾间与之游。及在京军中，义端亦聚众千余，说下之，使隶京。义端一夕窃印以逃，京大怒，欲杀弃疾。弃疾曰："匀我三日期，不获，就死未晚。"揣僧必以虚实奔告金帅，急追获之。义端曰："我识君真相，乃青兕也，力能杀人，幸勿杀我。"弃疾斩其首归报，京益壮之。[1]

义端之死也很有象征意义。虽然大家都身逢乱世，但是义

---

[1] 脱脱等：《宋史·辛弃疾传》，中华书局 1997 年版，第 12161 页。

端终究是一名僧人。义端死之前，似乎还想用看相求饶逃过一劫，赞赏辛弃疾是"青兕"（犀牛），赞赏辛弃疾力大无穷。可是辛弃疾并不宽恕，毅然决然斩其首归报。辛弃疾收入囊中的，是一颗血淋淋的僧人的头！辛弃疾后来闲退上饶读佛经，写读佛经心得的诗，也尽是调侃和不相信。也许，对佛学的态度，在辛弃疾斩下义端首级的那一刹那，就已经非常明了。

辛弃疾斩义端首归报，"耿京益壮之"，也是一句场面上的客套话。因为后来耿京依旧只是以"文士"身份视辛弃疾，绍兴三十二年（1162）让"文士"辛弃疾奉表归宋。

绍兴三十二年（1162），宋高宗赵构劳师建康，召见辛弃疾，赵构授予耿京承务郎、天平节度掌书记，并让辛弃疾把官印带给耿京。

辛弃疾拿着官印刚走到半路，得知张安国已杀耿京降金，就与众人谋。辛弃疾说："我缘主帅来归朝，不期事变，何以复命？"[1]最后决定和统制王世隆及忠义人马全福，领五十骑劫金营。辛弃疾在金营中找到正在与金将酣饮的张安国，辛弃疾不是马上杀掉张安国，而是"缚取于五万众中，如挟毚兔，束马衔枚，间关西奏淮，至通昼夜不粒食。壮声英概，儒士为之兴

---

[1] 脱脱等：《宋史·辛弃疾传》，中华书局1997年版，第12162页。

起！圣天子一见三叹息"[1]。

何其雄壮！检书烧烛，纵横千百年，除了辛弃疾，我想也只有项羽才能做成此事。

南宋开国皇帝赵构是一位很有作为又饱受争议的君主。靖康二年(1127)，除了宋徽宗第九子赵构，皇室其他成员皆被挟持送往北地，赵构就以很戏剧化的方式坐上皇帝宝座。这需要强大的毅力和忍耐力，一般人的内心是很难承受得住的。

在赵构看来，他首先要解决两大棘手问题才能坐稳江山：结束与金之间的战争状态，并建立安定的相互关系；原有军事力量全由皇帝统制，军事权全归皇帝掌控。[2]这两大问题当中，第一条最为重要，这关系到南宋政权的正统和安全，所以，当第一条和第二条存在矛盾之时，岳飞可杀。绍兴十一年(1141)的柘皋之战正是根据赵构的构想实施，也是通过这次胜战，赵构如愿掌控了军队指挥权，宋金和议谈成，杀岳飞。这是赵构的行事逻辑。

绍兴三十一年(1161)八月至十一月底由金发动的渡江战役，结局是以金帝完颜亮在前线被暗杀，金军撤退收场。在对宋相

---

1 洪迈：《稼轩记》，见辛更儒：《辛弃疾集编年笺注》附录，中华书局 2015 年版，第 2214 页。
2 寺地遵：《南宋初期政治史研究》，复旦大学出版社 2017 年版，第 22 页。

对有利的情况下，宋、金开始交涉，结果由于宋廷无法整理出一致的对金要求事项，这次交涉遂无功而返。

主战的呼声又开始高涨。南宋朝廷主战和主和的呼声，就像阴阳此消彼长，赵构又要面对这个让他苦恼的沙盘。宋金第三次开战，这也表示他和秦桧一起苦心经营的平稳局面最终以失败告终。这一年，岳飞和秦桧都早已成黄土。

绍兴三十二年(1162)六月，当了36年皇帝，56岁的赵构以"倦勤"为由，传位给养子赵昚，是为宋孝宗。宋孝宗主战，起用一贯主张对金强硬的张俊，结成"堂堂之阵"，想不到遂有隆兴元年(1163)的符离溃败，然后照例是和议。

隆兴元年(1163)，赵构57岁，孝宗赵昚37岁，辛弃疾24岁。处在慌乱谢幕之际的赵构，对匆匆打个照面的"归正人"辛弃疾应该不会有太多印象，就算真如洪迈所说，"圣天子一见三叹息"，这声叹息也很快就会飘散于空中。

也是在这一年，生于金国领域，兴起于起义军的24岁"归正人"辛弃疾，豪迈弒杀的性格已经完全铸就。他文武盖世，同时也带有诸多不利的印记，自信傲立在南宋的两任皇帝面前。南宋皇帝对武将、归正人、甚至是北方人的不信任，辛弃疾全部囊括。在符离溃败后，宋金又一次和议，南宋朝廷转向内政之后，可以说，辛弃疾愤懑的一生，就已经注定了。

朱熹："东南未治，不敢苟为大言"

辛弃疾一生最大的愤懑是，他有项羽之勇，自负有经天纬地、重整乾坤之才，却缺席了宋金两次大战，不被宋廷重用。

一次是隆兴元年（1163），那年他24岁，资历不够，又刚刚"归正"，没能参加符离之战；还有一次是开禧二年（1206）韩侂胄主导的北伐，这一年辛弃疾67岁。韩侂胄也起用了辛弃疾，在决策过程中，辛弃疾起到作用，但是在具体的战役当中，与韩侂胄属于不同阵营的辛弃疾还是被晾在一边，不为所用。

两场大战，都没有按照辛弃疾的北伐思路进行，最后以宋军溃败收场，这很像是命运对辛弃疾两声巨大的嘲讽。如果按照辛弃疾的思路北伐会如何？套用一句老话：历史不能假设。不过，宋廷没有按照辛弃疾的思路，北伐失败了，这一点无疑会一再刺激着辛弃疾。

辛弃疾的北伐思路主要体现在隆兴二年（1164）宋金和议达成之前奏进的《美芹十论》和著于乾道六年（1170）至乾道七年（1171）间的《九议》之中。

辛弃疾的基本设想是，绝岁币，都金陵，屯田，守住淮河，皇帝要全权信任宰相，和战之机，任凭宰相定夺，要久任，信任"归正"将领,宰相守将上下一心,准备充分之后,再出其不意北伐,北伐先取中原关隘——山东(注意,山东正是他故乡,也是他当年兴兵之地),兵出沭阳,山东可指日而下,山东既取,中原震动,天下将有变,北方汉人奋起响应,金人首尾难顾,兵分几路相持,最后的关键,由辛弃疾"塞南门而守",北方何愁不能恢复?

读辛弃疾《美芹十论》和《九议》,分明可见其披肝沥胆的赤诚。可是转头想来,也是唏嘘,辛弃疾的许多建议,都是撼动宋朝"国策"(如定都;皇帝对武将猜忌,所以才会频繁调动),这又是从归正不久、官职不高的辛弃疾口中说出,被采纳的可能性又会有多少呢?辛弃疾内心可能也很清楚,所以在《美芹十论》里说道:"如臣之论,焉知不如有谓臣为狂者乎?"事后也证明,辛弃疾这两篇磅礴的政论,都没有被采纳。

在年轻雄壮的辛弃疾眼中,虽然符离溃败了,但是只要假以时日,依旧可以"待从头、收拾旧山河,朝天阙"。其他一贯持主战意见的同僚这次却不这么看了。

符离之战,南宋折损多少?《金史·纥石烈志宁传》称:"杀骑士万五千,步卒三万余人……斩首四千余,赴水死者不可胜计,获甲三万。"陈康伯、汤思退、周葵、洪遵等人的奏折亦说:"窃见符离之师,将士失律,渡江以来所造器甲,委弃殆尽，战马十丧七八，士卒死亡莫知其数。"[1]宋朝积累多年的家底，"一夕亡"。

当时有一种观点认为，符离溃败标志着宋金共存已经形成。隆兴元年，王之望就主张南北共存论，他说："窃观天意，南北之形已成，未易相兼。我之不可绝淮而北，犹敌之不可越江而南也。移攻战之力以自守，自守既固，然后随机制变，择利而应之。"[2]数百年后，明末清初的王夫子也持相似观点，认为宋金是一种既对抗又依存的关系。

符离溃败对宋孝宗内心的打击无疑是巨大的。壮年刚一登基，扭转赵构的政策，执意北伐，就遭遇如此溃败，这和赵构退位前渡江战役的胜利形成了鲜明对比。宋孝宗该如何面对太上皇那双意味深长的眼睛？

> 当时端人正士如黄通老（中）、刘恭父（珙）、张南轩（栻）、朱文公（熹），最号持大义者，而黄通老入对，则谓"内修政事，而外观时变"而已，刘恭父自枢府入奏，则谓："复雠大计，不可浅谋轻举，以幸其成。"文公自福宫上封章，则谓："东南未治，不敢苟为大言，以迎上意。"南轩自严陵召对，

---

[1] 陈均：《中兴两朝编年纲目》，转自崔英超：《论南宋孝宗朝"无恢复之臣"的原因——从主战派宰相性格谈起》，《历史教学》2010年第4期。
[2] 脱脱等：《宋史·王之望传》，中华书局1997年版，第11538页。

则金人之事所不敢知，境内之事，则知之详矣。是数公者，岂遽忘国耻者哉？实以乾、淳之时与绍兴之时不同。[1]

朱熹知道"今日兵不济事"，"兵政之弊"是宋太祖看清唐末节度使做大的隐患，"疏离"之后造成的局面；且"主兵之员多"，也是一大患，朱熹认为，朝廷心知肚明，"姑存其名目"。这其实是宋太祖定下的国策；另外，朱熹还认为远征军"终不可靠"。[2]

朱熹也不赞同北伐，还有一层顾虑，是认为朝中已无悍将。

门人问："中兴将领，还有在岳侯上者否？"朱子凝神良久曰："次第无人。"[3]

朱子"凝神良久"，在脑子里过了一遍，自然也就过滤了辛弃疾，然后说，没人了。朱熹在与门人面前评价辛弃疾，是"颇谙晓兵事""是个人才""亦是一帅才"，但是，显然还不能和岳飞相提并论。

---

[1] 《宋史全文》卷二十四上宋孝宗一，黑龙江人民出版社2005年版，第1663—1664页。
[2] 黄士毅：《朱子语类汇校》卷一百十朱子七《论兵》，上海古籍出版社2016年版，第2690—2691页。
[3] 李光地：《榕村语录·榕村语录续集》，商务印书馆2019年版，第319页。

朱熹认为，"东南未治，不敢苟为大言"，尤其是在岳飞见诛之后。当时论断如此，辛弃疾的献策，注定只能石沉大海。这和辛弃疾的看法截然相反。辛弃疾在《九论》里甚至拍胸脯保证，如果听从他的建议北伐，不能得胜，就请诛杀他，"以谢天下之妄言者"。

一代儒宗朱熹应该看到辛弃疾内心的愤懑与怨恨，感慨朝廷为何不用他，[1] 但是终究"道不同"。

"用钱如泥沙，杀人如草芥"？

南归后的辛弃疾，终其一生也未曾得到重用，他没能有机会驰骋在梦寐以求的沙场上，和金人一决高下，而是被用于治理地方，官职最高是从四品龙图阁待制。

淳熙元年（1174），以赖文正为首脑的湖北茶商起事，波及湖南、江西等地，数败官兵。淳熙二年（1175），辛弃疾任江西提刑，节制诸军，讨捕茶商军。辛弃疾七月到任，招募敢死队，按斩获的人头论功行赏，闰九月，诱捕赖文政，于赣州杀之，短短几个月，茶商军遂平。所谓诱捕，无非就是对其劝降，骗其有委用之意，入瓮之后杀之。

---

1 《朱子语类》卷第一百三十二祖宗六"辛幼安亦是个人才，岂有使不得之理"。

辛弃疾"醉里挑灯看剑"

南宋罗大经在他的笔记《鹤林玉露》中记了一则相关的故事。辛弃疾亲自带着敢死队包围了赖文政，让他投降，双方谈好了束兵。谈好之后，赖文政对手下人说："辛提刑瞻视不常，必将杀我。"想逃走，手下人说不可。赖文政说，那你们斩下我的头投降，手下人又不忍，最后斩下一个叫刘四的人头，交给辛弃疾假冒顶替，赖文政本人得以隐遁江湖。

这只是一则野史，不过罗大经提到一处细节：赖文政已经年过六十，已经是一位老人了，即使如此，辛弃疾还是诱杀了他。我一位宅心仁厚的书法家朋友爱读辛弃疾词，唯独这一则故事总是让他难受。我对他说："辛弃疾对生命没有敬畏心，斩下赖文政这颗白发苍苍的人头之前，你难道忘记了僧人义端那一颗人头？"站在辛弃疾的角度看问题，赖文政确实可恶，国家都如此局面了，你还造反，这不耽误我的北伐大事吗？

也应该是在这段时间，朝野开始流传辛弃疾严苛、嗜杀的说法。茶商平定之后，宋孝宗赵昚对辛弃疾有句评价："辛弃疾捕寇有方，虽不无过当，然可谓有劳。"

淳熙四年（1177），辛弃疾知江陵府兼湖北路安抚使，《嘉泰会稽志》记载："严治盗之法，得贼则杀，不复穷究，奸盗屏迹。""不复穷究"的意思是，抓到盗贼，审都不用怎么审，直接杀掉。长官如此，手下的人纪律也很差，江陵统制官[1]率逢原纵容部下殴打百姓，辛弃疾也认为"错在军人"而被问责降职。杨万里的《诚斋集》记载：率逢原杀及老幼。

淳熙四年（1177）冬，辛弃疾知隆兴府兼江西安抚使，淳熙八年，陆九渊途经上饶，"闻说其守令状"，致信辛弃疾，论及隆兴之政。陆九渊语气沉重，批评下层官吏残暴贪婪，一幅地狱般的景象：

> 而县邑之间，贪饕矫虔之吏，方且用吾君禁非惩恶之具，以逞私济欲，置民于囹圄、械系、鞭箠之间，残其支体，竭其膏血，头会箕敛，槌骨沥髓，与奸胥猾徒厌饫咆哮其上。巧为文书，转移出没以欺上府，操其奇赢，与上府之左右缔交合党，以蔽上府之耳目。田亩之民劫于刑威。小吏下片纸，因累累如驱羊。劫於庭庑械系之威，心悸股栗，箠楚之惨，号呼吁天，隳家破产，质妻鬻子，仅以自免，而曾不得执一字符以赴诉于上。[2]

陆九渊在给弟子徐子宜的书信中不点名批评辛弃疾，可见

---

[1] 统制，宋朝官名。
[2] 《陆九渊集》卷五《与辛幼安书》，中华书局2020年版。

其愤愤不平：

> 某人（指辛弃疾）始至，人甚望之。旧闻先兄，称其议论，意其必不碌碌，乃大不然。明不足以得事之实，而奸黠得以肆其巧……正士见疑，忠言不入。[1]

辛弃疾对陆九渊这封严厉的书信似乎不以为然。陆九渊死后，辛弃疾为其弟子吴绍古赋经德堂诗，有"世间多少噉名儿"[2]句相讽。

朱熹和门人论及辛弃疾，赞赏他是一位帅才的同时，也批评他有"纵恣"的毛病，应该"向里来有用心处"，才能"事业俊伟光明"。

对于朝野如此议论，自称"老子平生，笑尽人间，儿女怨恩"的辛弃疾应该有所预感。淳熙六年（1179），他为拟移居上饶带湖新居稼轩作《上梁文》，似乎有归隐意。同时他又不吐不快，也是在这一年写了一首"词意殊怨"的《摸鱼儿》（更能消几番风雨阕），据说宋孝宗读后不悦。辛更儒先生认为，宋孝宗读后不悦，"或当有其事"，因为辛弃疾于淳熙八年（1181）被台臣

---

[1] 《陆九渊集》卷五《与徐子宜书》。
[2] 辛更儒：《辛弃疾集编年笺注·稼轩先生辛弃疾年谱》，中华书局2015年版，第2020页。

王蔺以"用钱如泥沙、杀人如草芥"劾罢之后,终孝宗在位之世,不见起用,其事殆可知矣。从淳熙八年(1181)开始,正当壮年的辛弃疾在上饶闲退十年,在这十年之中,与朱熹南岩寺相会,与陈亮鹅湖相会。

从辛弃疾的性格与一贯作风来看,这一句"用钱如泥沙、杀人如草芥"不会是毫无根据。实际上,我们把辛弃疾的愤懑、不得志、豪情、弑杀、严苛、好酒、纵情山水、纵情女色……连在一起看,就能看见辛弃疾完整的内心世界。

辛弃疾甚至在取名字上也暗藏心境。辛更儒估计,辛弃疾应该是在乾道三年(1167)至乾道六年(1170)之间,就是南归之后28岁至31岁之间,把始字"坦夫"改成"幼安"。如果这个时候我认识辛弃疾,我就很想提着一壶酒去和他痛饮,喝到开心的时候,乘机问他一句:辛先生,你在南归前"平坦"吗?南归后"心安"吗?

40岁的辛弃疾移居上饶带湖新居,自称稼轩居士。洪迈的《稼轩记》是一篇美文,详细记录了辛弃疾营造房屋的规模,辛弃疾在带湖边"筑室百楹,乃荒左偏以立圃,稻田泱泱,居然衍十弓。意他日释位而归,必躬耕于是,故凭高作屋下临之,是为'稼轩'"。

我那爱读稼轩词的书法家好友在农村长大,有一次他问我:"你知道轩是什么吗?"我一下子被问住了,就答道:"是厢房吧。"好友说，就在房子的边上再斜横几根木头，草草搭建一间小屋，一般当作杂物间，就是"轩"，连厢房都算不上，在农村这是最不重要的房子。我一下子呆住了，马上恍然大悟，辛弃疾取号稼轩，表面上看是有劝农劝稼之意，骨子里当然是反话、气话。他是玩"洲际导弹"的大才，却落得只能去种地。他有写榜书的痛快才情，却落得坐下来写蝇头小楷。

辛弃疾生有九子（辛弃疾66岁那年，第八子出生，真可谓是精力过人），九子中八子名字中都带"禾"，穑、秬……唯独那名早殇的取名"䥥"，[1] 辛弃疾很是痛惜，一连写了15首痛哭的诗。"䥥"小名"铁柱"，用典楚王夫人抱铁柱纳凉，心有感，最后产一铁，楚王命莫邪造双剑。辛弃疾在哭䥥的诗中有一句："汝方游浩荡，万里挟雄铁。""万里挟雄铁"才是辛弃疾的真意所在。

辛弃疾内心诸多情绪最后都被他灌注在不朽的词作里。辛弃疾的词，神采似李太白、苏东坡，我最爱三人诗词中，狂歌痛饮时，悲从中来的瞬间描写："与尔同销万古愁"、"多情应笑我"、"可怜白发生"。不过，细细回味，辛弃疾词中也有与李太白、苏东坡不同的地方，李太白、苏东坡的诗词，那是真的潇

---

[1] 辛更儒：《辛弃疾集编年笺注·稼轩先生辛弃疾年谱》，中华书局2015年版。

酒，真的豪情，内心毫无所滞，两人自有疏通渠道，而辛弃疾的词是不甘。打个比方，三家诗词都是美味快意的好酒，只是辛弃疾这一坛好酒里藏了一根很大的鱼刺，我们在痛饮时，要把它挑出来，要不然会割喉。

辛弃疾的好友周孚就看出辛弃疾和苏东坡为人处世的不同。心性的不同，当然也会体现在诗词里，所谓作品即人生。周孚在给朋友的书信里提到辛弃疾和苏东坡，其中有一句值得细细把玩：

> 辛（弃疾）戒小人"且痛忍臧否"，不知是可忍乎？吐之则逆人，茹之则逆余，以为宁逆人也，故卒吐之。此东坡平生最得力处也。

苏东坡的人生，终究是豪情的，也一再"逆人"。在好友周孚看来，辛弃疾更多的愤懑是含在里头，伤到自己。

开禧元年（1205），镇江知府辛弃疾66岁。人生中诸多好友，包括朱熹、陈亮、周孚都已经一一飘零，和他不在同一阵营的韩侂胄主事，在南宋积累了数十年资本之后，谋划北伐。那首著名的《永遇乐·京口北固亭怀古》（千古江山阕）就是在这一年写下的。

开禧二年（1206），辛弃疾再一次家居铅山，韩侂胄北伐，又是大败。辛弃疾应该是彻底绝望了，他日日独饮独醉鸣鹤亭。1206年是什么年份？这一年春天，铁木真建立大蒙古国，开始四处征战。

"剑一人敌，不足学，学万人敌"

2018年，我失业在家，追随瞿夫子习剑。我对瞿夫子说，我终究是读书人，读书人习剑，洒脱文气，习性相投。

在习剑过程之中，我发现习剑和习刀内心体会的不同。瞿夫子之前传我一路梅花刀法，也是一路凶猛的南派刀法，最后一个动作是，刀锋舞一圈，收刀，感觉鬼神不惧，扫荡乾坤，正气凛然。而我习的这路剑法，名唤大连环剑，也是凶猛非常，不过在收剑之后，总感觉不如收刀之后痛快。

有一晚，妻儿都已经睡下，我特意喝了一点酒，带龙泉剑下楼去小区空地习剑，夜凉如水，四周高楼里三三两两还没灭的灯光，像几点鬼火浮在夜晚山谷，几声蛙鸣，伴着薄雾而来。我起势，看剑，收剑，竟然感觉有一股愤懑凝聚剑尖。

古人云："剑者，检也，防检于非常耳。"剑只是贴身武器，君子武备，以备不时之需，一次出剑，也只能刺一人至数人。收剑之后，四顾，我问自己：学剑有何用？我突然明白，这就是辛弃疾"醉里挑灯看剑"时的心境。习剑有何用？

所以，项羽说："剑一人敌，不足学，学万人敌。"辛弃疾吟唱道："却得少年耽酒力，读书学剑两无成。"

那一晚，我突然想起辛弃疾。辛弃疾先生，把酒满上，喝酒喝酒。

年羹尧隐藏在民间的遗产:"五行八阵图"

2018年夏天，在温州杨府山公园一条林荫道上，瞿夫子传授我一路新的拳法。

武林之中拳法取名，习惯带个"拳"或"掌"字，如形意拳、太极拳、八卦掌。而这路拳法，名字颇为古怪，名唤"五行八阵图"。从"五行"二字和我研习的体验来看，这路拳应该和形意拳有些渊源。形意拳五种基本拳法，劈、崩、钻、炮、横，次第与金、木、水、火、土对应，合称"五行拳"。

可是，在"五行"两字后面连上"八阵图"，使得这路拳法变得神秘。兵书中记载的"八阵图"主要有以下两种看法：一、以八阵为八种阵法，有以方、圆、牝、牡、冲、轮、浮沮、雁行为八阵，也有以休、伤、生、杜、景、死、惊、开为八阵，其说杂而玄；二、以八阵为一阵八体。在民间，又经过"多智而近妖"的诸葛亮演绎，"八阵图"变得更是神鬼莫测。《孙膑兵法校理》一书作者张震泽先生比照《孙膑兵法·八阵篇》，整理出一张"八阵图"[1]：

张震泽先生认为，这个基本阵法将全军分为八个部分，大将居中，八部连绕四周，各予以代号，天地风云龙虎鸟蛇即为代号。行军作战，即在此基础上加以变化，有时将四角或四面省去，省为五部，就是所谓的"五为阵法"，分合进退，由大将指挥，即"中军握奇"。握奇者，握机也。[2]

套用"八阵图"的方位，"五行八阵图"是一路打八个方向，威风凛凛的拳，武者身居中间大将之位，拳打脚踢天地风云龙虎鸟蛇"米"字形。从我研习这路拳法的体验来看，"五行八阵图"中"五行"也非单指劈、崩、钻、炮、横这五拳，"五行"很有可能也是指"五为阵法"。五行生八阵，顺理成章，又变化无穷。

这是一路综合打法、摔法、擒拿，讲究步法方位变化，刚猛凌厉的内家拳。开拳拱手，马上变双插掌，这是击打对手的太阳穴，意在瞬间取人性命，这一招与杨氏太极拳里的"双峰贯耳"有异曲同工之妙。杀人的勾当，谈起来似乎挺文雅。双插掌之后，变"拨"，意在断人手臂。之后有一招，马步左手外翻，双手对拉，这可以是徒手攻击，也可以是一个拉弓的训练。

---

[1] 张震泽：《孙膑兵法校理》附《八阵考》，中华书局2011年版，第69—70页。
[2] 同上，第70页。

之后又有名字颇为古怪的一招，名唤"红脸照镜"。我想象着，红脸的关羽虎踞军帐捋须照镜的模样。

这一路拳总共九九八十一式，研习一通之后，吃力非常。我的洋师弟桑塔，英国空军伞兵退役，他曾荷枪实弹参加过阿富汗战役，以他的体魄初习这路拳法，也是大汗淋漓、气喘如牛，他摇摇头，对我说："拳法中有太多身体旋转动作，太累了，太耗体能了，这拳到底是谁创的？"

我坐在公园椅子上拭汗休息，问瞿夫子："这路拳什么来头？"

远处的知了在早已凋谢的樱花树上鸣叫，林间风吹拂着身穿玄色练功服的瞿夫子，他微微一笑，那眼角的意思分明在说，只要他一揭晓答案，我一定会非常吃惊。他说："这就是清朝大将年羹尧打的拳，还有配套的五行刀、五虎断魂枪。"

谜题揭晓之后，我再次研习，能体会到藏于拳中的儒将之气。"五行八阵图"应该是少年年羹尧从那位神秘老师处学到之后，再传给麾下将士。这一路综合拳法、讲究步法方位的变化，甚至包括了弓法训练，极其适合将士研习。

我也猜测，和戚继光的"鸳鸯阵"一样，对同样精通兵法的年羹尧来说，"五行八阵图"使用时也是可大可小。小，可以是一个士兵日常研习的拳术；大，可以是整个军队的排兵布阵。"五行八阵图"融拳法与阵法于一身，这很有可能就是"五行八阵图"名称之后没有再加"拳"字的原因。

我也想象着,年羹尧以旋风凌厉般的攻势火速平青海,让无数人头落地,"五行八阵图"为他立下汗马功劳。

神秘拳师

顽劣少年年羹尧遇神秘老师的故事在民间广为流传。那位老师,或仙风道骨,或癞头和尚,或有名或无名,总之非常神秘。

他最早出现在咸丰年间由文康所著的古典小说《儿女英雄传》。十三妹的杀父仇人名唤纪献唐,其原型正是年羹尧。传说彭祖献羹于帝尧,帝尧也称唐尧。"纪献唐",正是"年羹尧"的暗语。

该书第十八回说,纪献唐少年顽劣,家中连换了十位先生,有一天,一位秀才不请自来,自云姓顾名鬓,别号肯堂,浙江绍兴府会稽人氏,"一向落魄江湖,无心进取",偶然游到帝都,听人说纪府上有位公子要延师课读,所以毛遂自荐,要当纪家公子的老师。顾肯堂对纪父(原型年遐龄)说,多不过三五年,他一定成就纪献唐一生事业,只是此后书房功课,大人休得过问。纪父听了大喜,马上同意。

开馆之后,顾肯堂不管纪献唐。纪献唐道:"倒莫看你这等一个人，竟知些进退。"顽劣少年的形象，活灵活现。后来顾肯堂用琵琶演奏吸引住纪献唐，让纪献唐主动前来问道。两个人这才论起武，谈得开心，就情不自禁动起手。

《儿女英雄传》形容顾肯堂的拳术：

（纪献唐）乃至转过身来向前打去，早已不见了顾先生。但觉一个东西只贴在辫顶上，左闪右闪，那样东西只摆脱不开；溜势的才拨转身来，那件东西又随身转过去了。闹了半日，才觉出是顾先生跟在身后，把个巴掌贴在自己的脑后，再也躲闪不开，摆脱不动。

顾肯堂如此快的身法，如要出手，制服对手无异于囊中取物。

《儿女英雄传》还形容顾肯堂的枪术：

顾先生不慌不忙，把手里的杆子一抖，抖成一个大圆圈，早把那四个家丁的杆子拨在地下，那四人捂着手豁口，只是叫疼。

顾肯堂的拳术和枪术轻松战胜纪献唐和他的家丁。纪献唐这才明白碰到高人了，马上虚心求教。顾肯堂却说，这些江湖卖艺营生是一人敌，不足学，要学万人敌，学万人敌的门径只有读书，最后把纪献唐引到求功名上面来，十年之后，纪献唐开府，顾肯堂飘然离去。

成书于同治年间许奉恩所著的笔记小说《里乘》，也提到此事。只是这位神秘老师换成白髯老人。

《里乘·年大将军》一文里说，年羹尧儿时性黠犷，力气过人，入塾不肯读书，甚至还会欺辱老师。年遐龄很是忧愁，四处托人物色名师，不吝厚俸。有一日，一位七十来岁的老人不请自来，白髯布袍，举止不俗，年遐龄一看就知是奇人，问老人怎么个教法。

白髯老人说，在乡村僻地筑花园一所，池沼山石、竹木花草毕具，且备设经史图集，及一切兵器、日用各物。园里惟居师徒二人，不用仆从。四围建一堵高墙，不必设门，只开一个小洞，按时送食即可。

白髯老人说，只用三年，定有所成。年遐龄从之。

白髯老人与少年年羹尧居园中，每天只管自己看书，任由年羹尧在园中移山运石，嬉戏捣鼓，两个人不通一语。年羹尧捣鼓了一段时日后，开始厌烦，一日饭毕，看白髯老人观书孜孜不倦，似有羡心，卒然问曰："先生竟日看书，其中果有味耶？"

白髯老人漫应曰："书味极好，非汝所知也。"这很像禅宗里的一个公案，顽童老叟一问一答，灶上的米饭终于到火候了。

年羹尧问，若用心学，读书究竟有何好处？

白髯老人说，上焉者为圣贤，其次立功名，又其次取富贵。

年羹尧沉吟良久，曰："圣贤非所敢望，寻常富贵又非所屑，愿师教我以立功名，可乎？"年羹尧拔剑斫树明志。

白髯老人大喜，于是先取经史，日与讲论；又教其攻习举业，暇则谈论兵法，早晚或习射，或舞刀剑干戈，相与为乐。

年羹尧天资固优，凡事一学即精，三年学果有成。白髯老人于是打开围墙，宾主相见，执手祝贺。年遐龄大喜，设宴，酬以千金。白髯老人固辞曰：等公子功成名就，再来索谢，然后飘然而去。

清代晚期刊行的神怪章回体小说《平金川》，以年羹尧平西为原型(书中称年赓尧)，书中也提到少年年赓尧学艺这一段。不过，这一次，白髯老人又换成癞头和尚。

这位癞头和尚不请自来，年迈(原型年遐龄)问和尚来历。癞头和尚说："我无法号，人家见我癞头，都叫我做癞头和尚，终日云游，并无一定所在。"

癞头和尚也是要一座围墙甚高的花园，园门用石头塞住，困住顽劣少年。癞头和尚天天坐蒲团，不理年赓尧。年赓尧跳不出围墙，心中恼怒，就用铁尺在和尚癞头上打了几下，恍如打铁一样，癞头和尚纹丝不动，年赓尧这才怕起来，跑开了。

后来年羹尧甚觉无味，和尚又不理他，无人与他讲话，又出不去，就求救于和尚。癞头和尚大喜，用三年时间教年羹尧经史子集、诸子百家。

年羹尧一心向学，反不想出园了。有一日他忽对和尚道："文人的功夫已经学完了，还有一件事请先生指教指教。我三年前曾将铁尺打先生的脑袋，先生一点事都没有，这个本事我想学学。"和尚道："容易。"便将易筋经功夫教导他，又将十八般武艺件件教他，不下二年，都练精通了。这时和尚才叫人开了园门，宾客相见。第二天，癞头和尚决意要走，年迈送他好些金银，他也一点不受，留下几句劝诫的话，也是飘然而去。

通俗演义作家蔡东藩在《清史演义》中提了一句："后来得了一个名师，能文能武，把羹尧压服，方才学得一身本领。"

王度庐在《雍正与年羹尧》一书中提到，那位不请自来的先生名唤顾肯堂。故事走了一个漫长的圆圈，又接回《儿女英雄传》。顾肯堂向年遐龄承诺，三年后，保管教他文武全才。第一年，顾肯堂教武艺及兵法，使得他武艺精通，韬略熟练；第二年，教他读书，一切经史，尽皆读过；第三年，什么也不教了，师生二人整天对面枯坐，彼此一句话也不说，一点事也不做。如此半年有余，不下楼。

此时年羹尧父亲忽染重病，奄奄一息，临死时说要见年羹尧一面，年羹尧不得不下楼（王度庐在小说里修改了史实，历史上的年羹龄死在年羹尧之后）。顾肯堂当日便即辞去，临走时叹息："这个孩子，文武俱已学成，只是气还没养好，将来必要因此杀身！"说完离去，永远不再与年羹尧见面。

武侠小说家梁羽生在《江湖三女侠》之中也提到这一段故事，那名神秘的老师名唤钟万堂，武功出自傅青主这一脉。梁羽生在取钟万堂这个名字时，应该是想到了顾肯堂。

看得出来，故事以《儿女英雄传》为原型，在以后漫长岁月里一再流变。如此这般读来，仿佛"鬼打墙"，又仿佛看电影卡带，老师的神秘、徒弟的顽劣，一次次重演。

你也许会说，这些只是小说里的故事，岂可当真？正如在神话中藏着先民的记忆密码一样，如果解读得当，我们也可以在小说中拨弄出有价值的信息。我相信，在这些纷纷扰扰的故事里，一定藏有某种真正的史料，它们就是从火里夺出的经书残卷，每一个破损、变异、难辨的字，都价值连城、弥足珍贵。

实际上，上述几位小说家本人，也多持类似观点。

现存的《儿女英雄传》书前共有三篇旧序，分别为署名马从善的《序》、署名东海吾了翁的《弁言》和署名观鉴我斋甫的《原载序文》。学界普遍认为马从善的《序》大体可靠，其他两篇为假托。无论是可靠还是假托，三篇序言对"小说中藏史"的看法大都相同。

马从善的《序》说："其书虽托于稗官家言，而国家典故，先世旧闻，往往而在。"东海吾了翁的《弁言》说："其事则日下旧闻，其文则忽谐忽庄，若明若昧，莫得而究其意旨。"观鉴我斋甫的《原载序文》也说："稗史，亦史也。"

《儿女英雄传》作者文康，旗人官宦世家子弟，武将出身，道光年间赴天津监造地雷、火机等器物，还亲自演试过水雷，升天津兵备道，赏头等侍卫衔。从《儿女英雄传》中，也可以看出文康熟悉江湖行话，精通武艺。

试举一例。《儿女英雄传》第六回写僧人斗十三妹："只见那瘦子紧了紧腰，转向南边，向着那女子吐了个门户，把左手拢住右拳头，往上一拱，说了声'请'。"当时是夜间厮杀，没有光线优劣问题，瘦僧人占了一个背后有靠山的地利，也说明十三妹是从院子外面往里打。"转向南边"四字，懂行。

许奉恩所著的《里乘》，虽然是小说家之言，不过在许奉恩和为《里乘》写序的许氏朋友看来，要当严肃的历史书来看——"作董狐观可也"。许奉恩对《里乘》中记载的诸多故事的真实性很自信，他在《说例》里说，说部所载的狐仙之类的故事，都是假的，不过，他书中记载的狐仙之类，却都是真实的，"以其足以警世也"。

对于书中记载的少年年羹尧奇遇，许奉恩也作如是观。许奉恩是安徽桐城人，和年羹尧故乡凤阳府怀远县相隔不远。许奉恩在文末说道，他的同乡张文和、年羹尧同年登第，过从甚密。言下之意,他的记载也有所本,可信性很高。

《平金川》故事虽然荒诞不经,类似《封神榜》,作者张小山,也是生平不详,不过该书中序言提到,张小山的大父是辽东人,曾是年羹尧的幕僚。推算一下时间,这是不可能的事,不过,张小山似乎想要告诉读者,他写的故事,也有所本。

顺便提一句,《平金川》里癞头和尚习武易筋经,练就一身铁骨,有着匪夷所思的抗击打能力,这既符合研习易筋经的体验,也符合史实,易筋经正是在明清之际流行世间。以年羹尧的身形和面相,习起易筋经来,一定是威风凛凛,宛如天神怒目。

拳法湮没?

雍正三年(1725)四月,46 岁的一等公,曾被当今圣上称为"恩人"的年羹尧得知自己被免去川陕总督一职,改调杭州将军。对于这样的结果,年羹尧极难接受。

对于雍正的步步紧逼,一向有心脏病的年羹尧难以招架,心情紧张,饮食减少,夜不能寐,吐血头晕。在离开西安之前,年羹尧向老搭档岳钟琪哭泣托孤,希望岳钟琪能多多照应,得到的回答却是："诸事都在圣恩，照应二字不敢如命。"[1]

身为岳飞后人的名将岳钟琪——这恰恰说明了他的汉人身份——也是映照年羹尧悲剧的一面镜子。岳钟琪为人处世谨慎低调，尤其是在处理满汉之间的关系时，如履薄冰。岳钟琪任川陕总督后，备受满蒙贵族猜忌，曾经多次请辞。他嗅到权力漩涡的气息，懂得退让之道。

岳钟琪与年羹尧两人出身也是不同。年羹尧，汉军镶黄旗，进士出身，由文转武，在康熙末年，就已经成为朝中最重要、最受皇帝信任的封疆大吏，他飞扬跋扈，自恃功劳盖世，百日平青海，又是雍正的大舅子。雍正杀年羹尧，原因错综复杂、层层叠叠，不过年羹尧自身的性格，应该也是倾斜君臣信任天平的一块不小的砝码。

在我看来，年羹尧哭泣托孤岳钟琪，还有一层武人关系。两人的拳术或有几分相通之处（形意拳奉岳飞为祖师，年羹尧的五行八阵图和形意拳有渊源）。不过，以两人性格而论，岳钟琪给我的印象是，关起门来打拳，拳法凶猛，处处引而未发，发必中节；而年羹尧是在众目睽睽之下研习，拳法凶猛，堂堂之阵，无所顾忌。

在岳钟琪处得不到照应，年羹尧离开西安一路向东，一路

---

[1] 郑小悠：《年羹尧之死》，山西出版传媒集团2018年版，第121页。

削官降职，最后身为旗下闲散章京被安排看守杭州城东门——太平门。太平门是庆春门的俗称，门内庆春街，历来为繁华街道之一，太平门外弥望皆圃，菜农运菜进城，担粪出城，均由此门，故杭州有民谣："太平门外粪担儿。"不客气地说，这其实也是一道污秽之门。

雍正让昔日不可一世的权臣年羹尧守太平门，是对他的一种羞辱。这也符合雍正一贯作风。雍正喜爱起人来，肉麻非常，御批写得跟情书似的，可是恨起一个人来，咬牙切齿，挖苦羞辱。

民间传说，年羹尧守太平门时，出入此门的杭州人，无不视若畏途，说："年大将军在矣！"都绕道而去。这个传说如果是真，那些担粪人纷纷绕道找其他门出城，也是一件颇有喜剧色彩的事情。按照民间说法，年羹尧这样的人，杀气重，《平金川》认为他是天狗星下凡，需要在人世间砍下无数颗人头才会归位。这是上天早已设定好的劫数，只是可怜了人世间那无数条性命。

年羹尧曾经位高权重，望之让人生畏。这样的人去守城门，想必是很清闲。太平门城墙下，晓歌悠扬，残阳如血，"万事豪华如转烛"。那就索性打一路凶狠的拳法，舞一路凶狠的刀法，喝几口愤懑的酒，骂几声娘，估计杭州上下人等，都不能奈他何。所以，当雍正派出的抓捕特使拉锡在杭州收网时，当晚值夜班的年羹尧早已呼呼入睡。

拉锡等人在杭州衙门向年羹尧宣读收押他的旨意之后，便锁拿年羹尧，并带至其杭州住所，连夜抄没家产，逮捕其妻妾子女家奴。据拉锡后来在奏折里所说，年羹尧在抄家过程中表现得十分强硬，呵斥自己的儿子们："有什么好怕的?"抄家结束后，不但吃嘛嘛香，还与看守官兵谈笑风生。"似蒙冤愤愤、自充好汉""如强盗、光棍拿赴市曹高歌之人。"[1]

年羹尧"才气凌厉"[2]，在大厦将崩之时，一改之前"心情紧张，饮食减少，夜不能寐，吐血头晕"的形象，回归一位武人应有的面相，这让我动容。

我所关心的还有，当他被押解到京城监狱，嗅出死亡的气息时，年羹尧有没有担心自己这一路凶猛的好拳法会因他而湮没，甚至失传?

谱系猜想

神秘的"五行八阵图"如何流传温州小城？这里又有一段传奇故事。

---

1 郑小悠：《年羹尧之死》，山西出版传媒集团2018年版，第124页。
2 赵尔巽等：《清史稿·年羹尧传》，中华书局2020年版，第6872页。

温州蒋幼山，臂力惊人，少习本地南拳，苦练七载，深得要领，同辈莫敢与之较量，年近弱冠，见闻渐广，认为南拳只是外壮功夫，意犹未尽，遂访求少林内壮上乘功夫，十易寒暑，名噪一时。

1922年，蒋幼山游北京，遇到一位名唤孙德禄的老者拳师。孙德禄，山东人，武林高手，曾是清廷刑部捕快，有贼绰号"飞毛腿"，越狱逾城而逃，孙德禄昼夜追之，及数百里外逮之还，绿林皆惮之。清朝亡了之后，没有俸禄，就以教拳为生。清末大变局，武术为天下裂，很多宫廷高手开始饮食民间。孙德禄就把这套秘传的"五行八阵图"传给蒋幼山。孙德禄对蒋幼山说："以你的功底，能精此拳，纵遇劲敌，当无虑矣。"蒋幼山虚心受教，揣摩三年，得此拳精髓。蒋幼山还邀请孙德禄来温州教拳。他也同意了。这位曾经出没于刀光剑影里的刑部捕快感叹："吾道东矣！"

据当年温州人回忆，孙德禄教拳，收费颇高。温州汤老二，南拳好手，三百斤的石板压在腿上练习马步，一百二十斤大刀在头顶上轻松飞旋，当年他慕名想来学拳，一打听，竟然要收三百银元。汤老二倒不是缺钱，穷文富武，家大业大，家里用簸箕装银元。他为人又和善。汤老二一是觉得孙德禄这套拳到底值不值这么多钱？二是他自己本身功夫就不赖，自己用，绰绰有余，就是在一念之间，决定不学了。后来据知情人所说，汤老二到晚年开始后悔，后悔一念之间，错过一路好拳。

据蒋幼山弟子戴埴民所著的《五行八阵图》（油印本）记载，孙德禄口述了"五行八阵图"的流传谱系。

这套拳为明末痛禅上人所创。痛禅上人系明宗室，与顾炎武、黄宗羲诸先生友善，清兵入关，上人悲痛家国沦丧，乃团结志士，反清复明，为躲避清廷追捕，削发为僧，出入少林，遍游大江南北，访寻豪杰于当世，无奈大势已去，屡谋屡败，于是参以易理，寓以兵法，创此拳。上人后来特意依附郑成功，不得志，还至淡水悒悒而死。康熙年间，顾肯堂得其法，遂自荐成为顽劣少年年羹尧的老师。

有意思的是，在孙德禄口中，顾肯堂传艺年羹尧的版本又稍有不同。据孙德禄所说，顾肯堂与年羹尧登楼去梯，并告诫他，十载功成方可下。年羹尧学至第七年，持其技，背师下楼。顾肯堂叹曰："纵能取富贵，恐不得善终。"遂去之。此版本要比王度庐笔下"年羹尧父亲忽染重病，奄奄一息，临死时说要见年羹尧一面，年羹尧不得不下楼"更合理。

我身为"五行八阵图"的初学者（这当然是一种福分），应该如何面对、想象痛禅上人和顾肯堂这两位神秘的传灯者？这也成为我亟需解答的一个问题。我仿佛看到，他们立于大河上游，飘飘乎如遗世独立，困我于下游。我喟然长叹。

除了孙德禄的口述之外，据我所及史料，未见痛禅其人，这个名字倒是在梁羽生的武侠小说里不断出现（《江湖三女侠》《云海玉弓缘》《冰河洗剑录》）。梁羽生用庞大的文字构建了"天山武侠系列"，书中点到了不甚重要的少林派，只说痛禅上人是得道高僧，少林寺第四十六代方丈，武艺深不可测。

孙德禄会不会是借用梁羽生小说中的高手名字，以壮行色？可问题是，梁羽生是在上世纪五六十年代开始创作"天山武侠系列"，而孙德禄是在上世纪三四十年代口述自己师承，也就是说，孙德禄提到痛禅上人的名字在梁羽生之前。

相比深谙取名之道的金庸，梁羽生似乎不善此举，他笔下诸多人名乏善可陈，似乎只有"金世遗"和"痛禅上人"这两个人的名字值得一说。金世遗，人如其名，遗世独立，又自我放逐。那痛禅上人呢？梁羽生在书中没有提到、暗示这个名字的来历，而参考孙德禄的说法，痛禅上人是悲痛家国沦丧的明宗室化名，就显得非常合理。所以我猜，痛禅上人的名字早已有之，恰恰是被梁羽生"拿来主义"了。

接下来，顾肯堂这么名字又该作何解？

民间有一种说法，认为顾肯堂是顾炎武的堂弟。这其实值得怀疑。从顾肯堂最初也是最详细的出处《儿女英雄传》来看，顾肯堂自云姓顾名綮，别号肯堂，浙江绍兴府会稽人氏，从籍贯上来看，和顾炎武出生地苏州府昆山不符。

我认认真真地翻了翻顾炎武浩如烟海的著作(清初诸先生著书的厚度真是让人望洋兴叹),暂时没有找到顾肯堂的名字。顾炎武壮年遭遇家族风波,被人追杀,为避祸,不得不出走昆山壮游河山,如果说顾炎武真有这么一位功夫盖世的堂弟,似乎也不至于如此窘迫。另外,孙德禄在口述中同时提到顾炎武(痛禅上人之友)和顾肯堂,却没有提及两个人之间的关系,可见堂兄弟之说,也站不住脚。

2018年冬天,我窝在书房喝茶读闲书,脑中突然闪过一道黑色的电流。我狠狠一拍青铜兽镇纸,大叫一声:"哎呀呀,和痛禅上人一样,顾肯堂同样也是一个暗语。"

姓顾名綮,别号肯堂。这几个字可以组合出很多意思。《庄子内篇·养生主》曰:"技经肯綮[1]之未尝,而况大軱[2]乎!""肯綮"两字也可倒过来读成"綮肯","綮肯",筋骨结合处的意思,比喻要害或关键。顾綮,顾肯堂,在字面上就告诉年羹尧和后来的你我:我藏了一个"关键"哑谜给你们猜,看你们猜得到猜不到。

《尚书·大传》曰:"若考作室,厥子乃弗肯堂,矧肯构?"意思是说,父亲已经布置了图样,但儿子连堂基都不肯建,何

---

1 读音:[qìng]
2 读音:[gū],大骨。

况建构房屋？以建房喻治政。肯堂，指"子承父业"[1]。

饱尝荣华与凄苦的李煜手书《即位上宋太祖表》，向赵匡胤表示依附，他在表中写道："因顾肯堂，不敢灭性。"因为考虑到子继父业，所以不敢隐没本性。顾肯堂，顾肯堂！

历史上有没有叫肯堂的人？还真有一位，也是处于明清之际，不过不姓顾姓张，张肯堂何许人也？抗清义士，黄宗羲的挚友。

张肯堂，弘光间为福建巡抚，后"出私财募兵"抗清，鲁王朱以海到舟山后，拜其为东阁大学士。舟山城陷，张肯堂蟒衣南面，视其妾周氏、方氏、姜氏、璧姐、子妇沈氏、女孙茂漪皆缢死，然后题诗襟上云：

虚名廿载著人间，晚节空劳学圃闲；
漫赋归来惭靖节，聊存正气学文山。
君恩未报徒忧瘁，臣道无亏在克艰；
传与千秋青史笔，衣冠二字莫轻删。

然后从容自缢于院左之雪交亭，雪交亭左边种着梅树，右边种着梨树，满园白色，正是张肯堂平日读书处。

---

1 蒋方：《李璟李煜集》，凤凰出版传媒集团2011年版，第194页。

黄宗羲与张肯堂友情笃深，两人曾在鲁王朝廷共事，黄宗羲官封左副都御史。不过，黄宗羲在鲁王身边没待多久，当年夏天，清朝廷向地方各级督巡抚府台发布命令，凡有不肯归顺的明朝遗臣，将其家族情况悉数记录上报，黄宗羲听到这一消息之后，"方寸大乱"，陈情请辞，面上的理由是为了照顾家中老母，其深层理由，是对鲁王朝廷的失望。黄宗羲离开鲁王，同时也是离开了张肯堂，一走一留，一生一死，茫茫大海。

舟山惨剧，给黄宗羲很深的刺激。黄宗羲把雪交亭边好友手植的这两棵树，千里迢迢移植到了老家黄竹浦，并在寓所旁边筑了个小亭，也称作雪交亭。

黄宗羲就这样坐在雪交亭，在时间的长河里发呆，疲倦了就去田间走走，随后又回来坐坐，这样过了好几年，他的肘关节竟然在桌子上磨出印痕。婚丧嫁娶这一类的事情，都不去管。他一个女儿嫁到城里，一直没跟她往来。另一个女儿到浙江三年了，哭着求他允许她回来省亲，他也没回应。

顾肯堂，如此多的意思，最后都归于一个统一的意象：那是对一个逝去国度的苦楚回望。顾，不单单是姓，也是回望的意思。

现在，"五行八阵图"这条大河从上游流向了中游。

孙德禄说，年羹尧盛时，帐下多有习本拳者，等到年羹尧被诛，麾下将士四散。原本研习"五行八阵图"的人，不再声张,如大河潜入地底下变成暗河,这路拳法就在暗处流传。太平天国时期,太平军名将林凤祥精于此拳。

1853年5月,林凤祥奉命与李开芳、吉文元率军北伐,最终被清军击败。林凤祥死于北京。

林凤祥留给后人寥寥几百字的供词,只是极其简单地提及自己的征战经历。他在这几百字中没有谈起自己的武艺,一定还有更多秘密被他执意带到另一个世界。

鲜为人知的是,这套拳也由此流传山东等地,最后,被孙德禄所得。

清朝亡了之后,孙德禄不再避讳此事,才向东南边陲的人们说起这个灼人的秘密:这是一条暗藏了数百年却又如此清晰有序的武学脉络。

不管是从逻辑层面,还是从研习的体验来看,我都认为这条武学脉络有着很高的真实性。何以这么说?在武林之中,门派"托名"以壮声色的情况固然很常见,比如形意拳奉岳飞为祖师,不过,如果说后来的人如孙德禄,真要伪造这条脉络的话,大可以造一条人物光明的脉络,为何偏偏要选一个被皇帝赐死的权臣?

以权臣年羹尧的经历与性格而言,他不见得会有时间去创一路拳术,这一路拳,一定是有人传授给年羹尧。至于说传给年羹尧的老师是不是真叫顾肯堂,创立此拳祖师是不是真叫痛禅上人，从某种意义上说，其实并不重要。在真实层面上，一定是有这两位老师存在，只是由于种种原因，他们执意给自己戴上了神秘的面具。

换位思考一下，顾肯堂的所作所为，内心明矣。武艺，讲究传灯，对身怀绝技的武人来说，如果让精妙的武艺绝在自己手里，这愧对历代老师。那么，如何选一位天资聪颖的学生继承，至关重要。对故事中的神秘老师来说，不管是老叟，还是癞头和尚，不管有名还是无名，这一层意思无疑是相通的：把武艺传给富公子年羹尧，一定会是正确选择，他日年羹尧必将富贵，这路"五行八阵图"自然就能长存世间，只是年羹尧后来的人生走向，大大出乎老师的意料。

我有时候觉得，武术和人世间的很多东西一样，就像博物馆里展出的精美文物，比如一件精美绝伦的雍正官窑瓷器。对于那件有着数百年生命的瓷器来说，我们每一个在它面前走过的人，都是匆匆过客，缘聚缘散，一眨眼而已，就算对那些貌似能拥有它的人来说，也只是一个暂时管理者的角色。位高权重如年羹尧，也能在瞬间如大厦崩塌。

《年羹尧之死》的作者郑小悠在书末引用了清朝诗人沈德潜的乐府《汉将行》，据说是明写西汉年间的卫、霍家史，暗讽当朝年家故事，诗中有"万事豪华如转烛"。这句固然是好，不过，我认为年羹尧未曾谋面的岳父纳兰性德的一首咏雪花词《采

年羹尧隐藏在民间的遗产："五行八阵图"

桑子·塞上咏雪花》，同样适合年羹尧：

> 非关癖爱轻模样，冷处偏佳。别有根芽，不是人间富贵花。谢娘别后谁能惜，飘泊天涯。寒月悲笳，万里西风瀚海沙。

当我研习这路拳时，我仿佛看到数百年来诸位拳师叠加起来的复杂目光。由于年代久远，这套拳法之中有些招式已经非常费解，也许要起年羹尧于地下问之才能明了。

也许，有所继承，有所减损，正是天之道？

闲杂篇

林冲：胸中垒块，须劣酒浇之

一

读《水浒传》很像鉴赏中国卷轴山水画，只不过是山水换成了一个个鲜活的人物。书中的人物，颇像卷轴山水中的山头，一个个被慢慢带出来，已经打开的卷轴部分，山与山，水与水之间也是有关联、有呼应，有时是"双峰对峙"。它也像玩"扑克接龙游戏"，一张张扑克间的链接处"严实无缝"。

《水浒传》前10回"严实无缝"，重点是写鲁智深、林冲两个可以对观的人物，其他诸如史进、柴进只是陪衬。不过，诸多人物之间的武艺、性格，甚至是位置坐标，作者都做了精心的布局、呼应。

第1回与第2回是全书的序曲。第1回，北宋东京汴梁瘟疫盛行，天子请龙虎山张天师祈禳，这才导致洪太尉误走妖魔，也正是三十六天罡七十二地煞得以纵横乾坤的背景交代。紧接着，第2回，写高俅在朝中得势。

镇守天罡地煞的伏魔殿，为什么不在京师随便某一座道观，而非要在离京师千里迢迢的江西龙虎山？这也暗示着，从天子角度看来，三十六天罡七十二地煞充其量只能是政治势力进不了京畿的江湖团体。报效朝廷的正规道路又被堵死，朝纲废弛，奸臣高俅得势，那么留给梁山泊众好汉似乎就只有"造反——招安"这条最体面的出路了，这在宋江看来更是如此。

交代完背景之后，视角马上从江西龙虎山切到京师——北宋的政治中心。《水浒传》中刚出场的高俅，是盖在这幅长长卷轴画上的一枚引首章，跨在了序言和正文部分。他也是引发"蝴蝶效应"的那头恶毒的怪兽，只煽动了一下翅膀，就启动了这场旷日持久的连锁反应，从此千万颗人头要落地。

高俅牵出八十万禁军教头王进，由于高俅不给王进好果子吃，王进只能一路向西逃亡。实际上，王进这个名字，听起来非常普通，是作者随便取的。要知道，从写作和阅读角度来讲，王进和史进，异姓同名，两人见面交谈起来，满纸"进"道"进"说，非常不方便。不过，这不妨碍王进在书中的"功能"。王进在书中的功能有二：一是顺路牵出九纹龙史进，二是给后面出场的重要人物、八十万禁军枪棒教头林冲当陪衬。

一百零八将中第一个出场的史进，十八九岁，是史家庄爱舞枪弄棒的宅内小官人，"拿条棒在那里使"，"学的都是花棒，只好看，上阵无用"，被八十万禁军教头王进看在眼里，这说明史进的武艺只是入门级别。

史进是"扑克接龙游戏"中打出的第一张牌,是准备踏入凶恶江湖的一张"白纸",也是长篇叙事"穿针引线"那根针,兼具"观众视角"的功能。

史进牵出鲁智深,鲁智深牵出林冲。鲁智深和林冲,两人有太多的不同。鲁智深狂野洒脱如火,大块吃肉大碗喝酒,饮食不挑,一口喝掉一桶劣酒;林冲隐忍如冰,有身份有面子,可以想象饮食精细。从性格层面来说,鲁智深正是林冲的另一面。

二

林冲第一次真正显露武艺,是在出场好久之后的第9回,刺配途中经过柴进庄园与洪教头较量枪棒。书中一再暗示林冲武艺高强,却把梗埋得很深,让林冲在最落魄的时候才开始一展身手。洪教头一再轻视林冲,林冲在摸清柴进心意之后,这才放心去打。这是一场很精彩的枪棒较量。

> 柴进心中只要林冲把出本事来,故意将银子丢在地下。洪教头深怪林冲来,又要争这个大银子,又怕输了锐气,把棒来尽心使个旗鼓,吐个门户,唤做把火烧天势。

林冲想道："柴大官人心里只要我赢他。"也横着棒，使个门户，吐个势，唤做拨草寻蛇势。洪教头喝一声："来，来，来！"便使棒盖将入来。林冲望后一退，洪教头赶入一步，提起棒，又复一棒下来。林冲看他脚步已乱了，被林冲把棒从地下一跳，洪教头措手不及，就那一跳里，和身一转，那棒直扫着洪教头臁儿骨上，撇了棒，扑地倒了。柴进大喜，叫快将酒来把盏。众人一齐大笑。洪教头那里挣扎起来？众庄客一头笑着扶了。洪教头羞颜满面，自投庄外去了。

棒术中，下段起势，虚步，棒身成45度，棒头对准对手的咽喉位置，另一棒头压低，是一种非常凶狠、不留情面的招式。林冲横着棒，吐个势（露出棒头），唤做"拨草寻蛇势"，正是下段起势。说此招凶狠，是因为大凡取下段起势，出棒必撩，轨迹从下往上地撩棒，很难防范。

果不其然，洪教头不明就里，林冲一个进身（就那一跳里），借用腰力（和身一转），一个撩棒，打在洪教头"臁儿骨上"。"臁儿骨上"，是指小腿两侧，这个部位一旦被击中，是非常疼痛，一般会疼得倒在地上，失去进攻能力。林冲如此淋漓的一击，洪教头哪里挣扎起来？

林冲一身实打实的战场杀人技，要知道，长枪是宋朝军队的标配，枪棒同理，身为八十万禁军枪棒教头，拦，拿，扎，练得精熟，江湖武人洪教头在他眼里无非是票友性质，可以轻松取胜。

这是《水浒传》写到的第二处棒术较量，第一处，是第2回王进对史进。王进是一个内心非常精细的人，是处处照见林冲的一面镜子。第2回写到八十万禁军教头王进时，作者看似不咸不淡地说了一句："且说这王进却无妻子，只有一个老母，年已六旬以上。"这话其实是说给后面的林冲听的，意思是，林冲家有娇妻，为家事所累，做不到"说走就走"。王进能马上认识到自己不是高俅的对手，决定连夜逃走，逃走的计划也很精细，他的逃走和林冲一步步入瓮，形成了鲜明的对比。

第二回写道：

> 话休絮繁。自此王进子母二人在太公庄上服药。住了五七日，觉得母亲病患痊了，王进收拾要行。当日因来后槽看马，只见空地上一个后生脱膊着，刺着一身青龙，银盘也似一个面皮，约有十八九岁，拿条棒在那里使。王进看了半晌，不觉失口道："这棒也使得好了。只是有破绽，赢不得真好汉。"

人情即江湖，江湖即人情，武人受人恩惠，临走时传艺，是人之常情。这样的例子并不少见,《聊斋·武技》篇,有一个名唤李超的山东人,豪爽好施,曾接待了一位托钵僧人,僧人"饱啖之"后,说自己有薄技相授。江湖传言,形意拳高手孙禄堂遇见太极拳名家郝为真,郝为真当时得疟疾,孙禄堂就把郝为真接到家里请医喂药,郝为真痊愈之后说,"实无可报",就把太极拳传授给孙禄堂。同样,当王进收拾行囊要走时,以他的精明,不会看不出这舞棒的少年正是"宅内小官人",临走之际,他理应留下点什么回报,所以,才会一半有意一半无意地"不觉失口道",好引起史进的注意。

> 王进道:"恕无礼。"去枪架上拿了一条棒在手里,来到空地,使个旗鼓。那后生看了一看,拿条棒滚将入来,径奔王进。王进托地拖了棒便走,那后生抡着棒又赶入来。王进回身,把棒望空地里劈将下来。那后生见棒劈来,用棒来隔。王进却不打下来,将棒一掣,却望后生怀里直搠将来,只一缴,那后生的棒丢在一边,扑地望后倒了。王进连忙撇了棒,向前扶住道:"休怪,休怪。"

史进年轻气盛,志在取胜,贸然进攻,王进使用了类似"回马枪"的一招,回身从上往下劈打下来,此时史进是自己进入击打范围,避无可避,只得用棒来隔。没想到王进这一棒并没有劈下来，是一个假动作，他把棒子往回一抽（掣），径直向史进怀里刺进来（搠）。

《水浒传》全书爱使用"搠"字。我很喜欢"搠"字，每次读到该字我都会拍案叫绝。"搠"字除了能表达"刺""扎"的意思之外，在读音上，也能读到棍子"破空"发出的"呜呜"声，可谓视觉和听觉兼顾，很有画面感。我说的"破空"是指枪棒在高速挥舞时，枪棒和空气摩擦发出"呜呜"声，一个刻苦合格的习棍者，只要方法得当，做到腰部发力，手臂放松，多加练习，很快就能让棍子"破空"，这只是基本功，对八十万禁军教头王进来说，当然是小菜一碟。

王进棒法控制得当，这一搠，当然也没有搠进史进这位"宅内小官人"的怀里，他"只一缴"，"缴"字有"缠绕"意，不是简单的"挑"，而是只指在棒头加了一个打圈的小动作，方便挑开对手兵器，甚至导致对手兵器直接脱手。

果不其然，史进的棒丢在一边，扑地望后倒了。王进连忙撇了棒，向前扶住道："休怪，休怪。"

王进的人情做得非常精细，可谓滴水不漏。他既不能打伤"宅内小官人"史进，又要让史进认输，最好的办法是一招之内让对方棒子脱手认输。

王进和林冲，一个处处留下情面，一个毫无谦让。不同的棒法，照见两人不同的处境。王进是林冲的一面镜子，连两个人使用的棒术,都可以"对观"。另外,我们也不得不感慨,《水浒传》的作者,确实懂武。

三

林冲是一步步走入瓮中,从体制内走向江湖。在整个过程之中,他的心理也随之发生微妙的变化。

《水浒传》第7回,鲁智深在菜园里舞浑铁禅杖舞得"活泛"(这词用得极好),刚出场的林冲看到了,情不自禁地喝彩,并跳入园子与鲁智深相见。怎生打扮?但见:

> 头戴一顶青纱抓角儿头巾,脑后两个白玉圈连珠鬓环。身穿一领单绿罗团花战袍,腰系一条双搭尾龟背银带。穿一对磕瓜头朝样皂靴,手中执一把折叠纸西川扇子。那官人生的豹头环眼,燕颔虎须,八尺长短身材,三十四五年纪。

武林中有句老话,叫"武人文相",这是武人最好的相貌,有如此面相的武人,一般说来武艺极高。林冲刚一出场,作者就暗示读者,林冲痴迷武艺,并且武艺极高。

如何让这个武艺极高的人入局,作者也费了好一番思量。

再说林冲每日和智深吃酒,把这件事不记心了。那一日,两个同行到阅武坊巷口,见一条大汉,头戴一顶抓角儿头巾,穿一领旧战袍,手里拿着一口宝刀,插着个草标儿,立在街上,口里自言自语说道:"好不遇识者,屈沉了我这口宝刀。"林冲也不理会,只顾和智深说着话走。那汉又跟在背后道:"好口宝刀,可惜不遇识者!"林冲只顾和智深走着,说得入港,那汉又在背后说道:"偌大一个东京,没一个识得军器的。"林冲听的说,回过头来,那汉飕的把那口刀掣将出来,明晃晃的夺人眼目。

作者早已经在前文埋下林冲痴迷武艺的伏笔,所以,此处林冲的第一步上钩,读起来合情合理,一点都不觉得突兀。林冲也是一个心细的人,买下这刀之后——

就问那汉道:"你这口刀那里得来?"那汉道:"小人祖上留下。因为家道消乏,没奈何,将出来卖了。"林冲道:"你祖上是谁?"那汉道:"若说时,辱末杀人!"林冲再也不问。那汉得了银两,自去了。林冲把这口刀翻来覆去看了一回,喝采道:"端的好把刀!高太尉府中有一口宝刀,胡乱不肯教人看。我几番借看,也不肯将出来。今日我也买了这口好刀,慢慢和他比试。"林冲当晚不落手看了一晚，夜间挂在壁上。未等天明，又去看那刀。

林冲想问清楚此刀的来历，潜意识里或许感到有某种不确定，可是对方早已经想好台词，打消林冲的顾虑。"林冲再也不问"，这是林冲的教养。顺便说一下，在我看来，此处也呼应后面出场的卖刀的杨志。

林冲拿着刀，还情不自禁地喝彩，想与高太尉家的宝刀比试比试。这让我们这些知道谜底的读者不知该说什么好。

有意思的是，在买刀过程中，身边的鲁智深没有太多话，只说："洒家且回去，明日再相见。"鲁智深是心无挂碍，林冲是内心有所执着。

紧接着，是林冲抱刀入白虎节堂。

> 两个承局催得林冲穿了衣服，拿了那口刀，随这两个承局来。一路上，林冲道："我在府中不认的你。"两个人说道："小人新近参随。"却早来到府前，进得到厅前。林冲立住了脚，两个又道："太尉在里面后堂内坐地。"转入屏风至后堂，又不见太尉。林冲又住了脚，两个又道："太尉直在里面等你，叫引教头进来。"又过了两三重门，到一个去处，一周遭都是绿栏杆。两个又引林冲到堂前，说道："教头，你只在此少待，等我入去禀太尉。"林冲拿

着刀,立在檐前,两个人自入去了,一盏茶时,不见出来。林冲心疑,探头入帘看时,只见檐前额上有四个青字,写道:"白虎节堂"。

送刀误入白虎节堂,一路上林冲隐隐不安。这是林冲身为武人的直觉,他毕竟不是不知深浅的大老粗。看到两个承局没见过,林冲过问了一句。走到厅前,林冲"立住了脚",两人就引诱他说太尉就在里面后堂,林冲转入屏风至后堂,"又"不见太尉。林冲"又住了脚",两人又说,太尉在里面等。林冲"又过了两三重门",可以想象林冲内心疑惑、焦躁杂陈。

"过了两三重门"之后,就比较要命了。旧时武人,会恪守几条最基本的防身准则,比如,兵器不离身;不入重地,尤其是要过好几道门的重地……这不是危言耸听,旧时温州武林,还真有人在三道门后设宴做局。

香港电影《水浒传之英雄本色》,正是改编了林冲的故事,其中白虎节堂部分,导演让陆虞候出面,明着骗林冲入白虎节堂,而忽略了(或许是导演没读懂)原著中一再渲染的林冲隐隐不安的内心。实际上,只要架一台摄像机,跟着林冲一路走来,过屏风,过两三重门,走一个长镜头,这样的氛围就够紧张的了。只是人家一路顺着林冲的性格做局,就算林冲再谨慎小心,也是很难提防。

四

在刺配之前，林冲过着也在意着体面的生活，把"八十万禁军枪棒教头"这个名号一直挂在嘴边。刺配前写休书，开口也是"东京八十万禁军教头林冲"，如何如何。

刺配途中，林冲饱受屈辱，内心的优越感荡然无存，自称"小人"，董超、薛霸说要把他缚在树上，林冲也是说："上下要缚便缚，小人敢道怎地。"在林冲看来，高俅是要"陷害"（林冲面对府尹时的辩词）他，总不至于要取他性命，那就缚吧。当薛霸举棍要取林冲性命时，林冲这条八尺汉子第一次泪如雨下。直到此时，鲁智深才出手相救。这次死里逃生，对林冲的心理影响极大。

接下来是林冲途经柴进庄园，与柴进相见，书中有一大段对柴进和随从的衣着描写，正好照见林冲的落魄。

> 那簇人马飞奔庄上来，中间捧着一位官人，骑一匹雪白卷毛马。马上那人，生得龙眉凤目，皓齿朱唇，三牙掩口髭须，三十四五年纪。头戴一顶皂纱转角簇花巾，身穿一领紫绣团龙云肩袍，腰系一条玲珑嵌宝玉绦环，足穿一双金线抹绿皂朝靴。带一张弓，插一壶箭，引领从人，都

到庄上来。

此段藏了一处灼人的细节，柴进三十四五年纪，和林冲同龄。两人的命运却是云泥之别。

林冲见柴进，总让我想起《隋唐演义》里的秦琼见单雄信，比照林冲的低姿态，落难的秦琼依然持有一股豪气。柴进丢银让林冲和洪教头比试，林冲抖擞精神。此时如果换成秦琼，秦琼一定不为也，这是对自己一身好武艺的侮辱。当然，林冲也有话说：事已至此了，还有什么体面、尊严可言？

林冲到了沧州牢城之后，因为有柴进的打点，分到一份轻松的差事，去看守天王堂。

据白化文先生的考证，林冲看守的"天王堂"，就是唐代敕建的专供北方天王的庙堂。[1]在古代南亚次大陆神话中的北方天王，是北方的守护神，又是财富之神，类似中国的财神爷。[2]林冲的故事至此多了一个俯瞰芸芸众生的神明角度，之后风雪天里的山神，也是同样的功能。作者对林冲也多了一层悲悯。

到了著名的第10回《林教头风雪山神庙　陆虞候火烧草料场》，其小说内部严密的逻辑，毕飞宇在《小说课》中有精彩的阐

---

[1] 白化文：《三生石上旧精魄》，北京出版社2005年版，第36页。
[2] 同上，第35页。

述，我就不再赘述。除此之外，我想补充几点关于武艺的。一是林冲在山神庙前的打斗，枪法非常简洁，手段极其凶残。

> （林冲）轻轻把石头掇开，挺着花枪，一手拽开庙门，大喝一声："泼贼那里去？"三个人都急要走时，惊得呆了，正走不动。林冲举手，胳察的一枪，先戳倒差拨。陆虞候叫声："饶命！"吓的慌了手脚，走不动。那富安走不到十来步，被林冲赶上，后心只一枪，又戳倒了。翻身回来，陆虞候却才行得三四步，林冲喝声道："好贼，你待那里去！"批胸只一提，丢翻在雪地上，把枪搠在地里，用脚踏住胸脯，身边取出那口刀来，便去陆谦脸上阁着。

这一段打斗极其真实。林冲挺着花枪，如愤怒的天神出乎意料地出现在赤手空拳的三个人面前，三个人当然是吓呆了，"慌了手脚，走不动"是正常反应。这是一场实力悬殊，几乎不用怎么较量的复仇。

另外，在这场打斗正式展开之前，作者多次提到林冲喝酒。风雪山神庙之后，伏笔揭晓，作者写林冲入一草房讨酒喝，举止粗鲁，不近情理，一反常态，彻底放纵。从心理层面来说，这是复仇之后的真实的心理补偿。作者下笔可谓入木三分。

林冲这时自称老爷。林冲道："都走了，老爷快活吃酒。"此时林冲的生活，早已不再精细，这大口大口灌下的，是山野村夫家的劣酒，好用来浇灌胸中的垒块。

武松的玉环步鸳鸯脚及其他

明眼人都知道,《水浒传》里的施恩也并不是什么善类,和蒋门神同属一丘之貉,都是孟州道上的"黑老大"。只是因为施恩对武松颇为关照,最后有"主角光环"的武松杀了蒋门神,好像正义感就在施恩、武松这边了。王学泰认为:"从中可见《水浒传》作者缺乏正确的是非观念。"[1] 武松血溅鸳鸯楼,其冷血嗜杀,让人胆寒。

我当然不想为武松开脱,只想点明武松行事的逻辑,好给有考据癖的朋友下酒。"多情应笑我",说不定施耐庵正躲在书本之后冷笑,笑我们这些入戏太深的局外人。

心细

柴进的庄园,是一个豪华高级的渡口,摆渡江湖上各路好

---

[1] 王学泰:《游民文化与中国社会》(增修版),山西人民出版社2018年版,298页。

汉，不过由于其高贵的出身，他对各路好汉亲疏有别。宋江在江湖上的名声很响，柴进对宋江最亲热，而以寻常态度对待林冲、武松。

武松疟疾好了之后，思乡，要回清河县看望哥哥，便向柴进辞行。宋江特意送出十里，并拉武松进路边酒馆喝酒，宋江很自然坐了上首，武松依了哨棒，"下席坐了"，宋清打横，饮到红日平西，武松提议结拜，宋江"大喜"。刚出场的大汉武松，其实心思细腻。

武松过阳谷县，景阳冈酒店位于阳谷县地界边缘，远离县治。江湖里，黑店的概率很高，孙二娘的黑店，就是开在十字坡山冈下"三五里路"。所以，当酒店小二告诉武松最近冈上出大虫，武松马上怀疑酒店是黑店，"你留我在家里歇，莫不半夜三更谋我财，害我性命，却把鸟大虫吓唬我？"

武松行走江湖颇为谨慎，有这样的想法，其实很正常，小心一点总不会错。正是因为江湖经验丰富，武松才没有着孙二娘的道，相比之下，鲁智深经验欠缺，差一点就被孙二娘做成馒头。

武松也算人情练达，场面上的话也说得很好。打虎之后，对众人说："非小子之能，托赖众长上福荫。"来到知县厅前，却说："小人托赖相公的福荫。"并把赏钱一千贯散与众人。人情可谓做得密不透风。

在武大家住下之后,武松"取些银子与武大,教买饼馔茶果,请邻舍吃茶。众邻舍斗分子来与武松人情,武大又安排了回席,都不在话下"。

对于潘金莲的撩拨,武松心知肚明,就提出要从"县里拨一个士兵来使唤",是想和潘金莲少些接触,还有多一个见证人的意思,可是马上被潘金莲拒绝了。潘金莲拒绝的理由非常正大光明,都是"自家骨肉",叔叔也太见外了。武松只得作罢。

去东京公干前,武松特意来武大家交代一番。"武松让哥嫂上首坐了,武松掇个杌子,横头坐了。"武松这人,对座位很讲究,武大、潘金莲和武松第一次见面时,"武大叫妇人做了主位(可以看出,武大家当然是潘金莲说了算的),武松对席,武大打横"。而此次打虎英雄武松主动打横坐了,是想用很低的姿态告诫潘金莲,"把得家定"。武松对潘金莲道:"嫂嫂是个精细的人。"这句话,也只有精细的人,才说得出。

好汉

武松挂在嘴上最爱说的两个字是:"好汉"。这两个字充斥在写武松的第二十三回至第三十二回之中,简单数数就有好几十处。武松在景阳冈喝多了酒,对小二说:"要你扶得不算好汉。"等上了景阳冈发现官府榜文,方知冈上真出老虎,武松寻思的是：回去时，须吃小二耻笑，不是"好汉"，难以转去。

打虎是武松人生当中最辉煌的篇章。打虎之后，武松是一遍遍重述自己的打虎经过。

最初的两个猎户碰到武松，问："你却正是甚人？"武松道："我是清河县人氏，姓武，排行第二……大虫被我一顿拳脚打死了。"

把活武松和死大虫抬到一猎户庄上之后，众人问道："壮士高姓大名？贵乡何处？"武松道："小人是此间邻郡清河县人氏，姓武名松，排行第二。"武松又把打虎的事迹细说了一遍。

天明到县前衙门，武松就厅前又将打虎的本事说了一遍。

施耐庵在如此密集的文字空间里，让武松不厌其烦一再重复。武松的得意风光溢于文字。

武松口中的"好汉"有其鲜明的定义：顶天立地、敢作敢当、快意恩仇。你当然可以说，武松许多标榜"好汉"的行为，都是硬着头皮自找的，如上景阳冈打虎，在安平寨主动要求打杀威棒。"我若躲闪一棒的，不算好汉……我若叫一声，也不是好男子！"实际上呢，"老江湖"武松是知道杀威棒的威力的，下文他向仆役打听施恩来历时说："我待吃杀威棒时，敢是他说救了我是么？"站在武松的立场看，"好汉"是他最骄傲的脸面，体内最硬的一根骨头，是他安身立命的根本，明知不可为而为之，方显男儿本色。

武松的"心细"和中意"好汉"两字，照见他想获得众人认可的一颗心。

打虎之后，阳谷知县参他做个都头，武松马上改变原来的行程（去隔壁清河县看望哥哥），跪谢道："若蒙恩相抬举，小人终身受赐。"武松这句话说得很真诚。无奈，后来出了潘金莲一事，武松又被打落到尘埃里。

武松醉打蒋门神之后，张都监派人来取武松，武松对施恩道："他既是取我，只得走一遭，看他有甚话说。"得知张都监要用武松，武松的反应也很有意思，也是想都不用想，马上跪下称谢道："小人是个牢城营内囚徒，若蒙恩相抬举，小人当以执鞭坠蹬，伏侍恩相。"无奈，这又是一场局。

醉酒

武松喝过世间许多好酒，也是一个懂酒之人，许多事因酒而生，许多事因酒而灭。

在蒋门神盘踞的快活林里，第一碗酒，武松只用拿起来闻一闻，就知道酒不好；第二碗，呷一口，就叫道"不好"；第三碗，那妇人拿出的是"一等上色好的酒"，武松吃了道："这酒略有些意思。"虽然说武松是来找茬，不过"略有些意思"这句话，没有一定火候的人，也是说不出的。

武松后来以行者装扮在孔太公庄前酒店喝酒时,店家捧出一尊青花瓮酒来,开了泥头,倾在一个大白盆里给隔壁桌孔亮喝,武松偷眼看时,却是一瓮窖藏的好酒,被风吹过酒的香味,武松喉咙痒将起来。武松只用偷看一眼,轻轻一闻,就能知道这是一樽色香味俱佳的好酒。懂酒。

厚黑点说,要收买武松并不难,只要夸他好汉,给他好酒,以兄弟相称,再给以恩惠,武松一定会两肋插刀,生死以报。

君不见,施恩给武松几日好酒好食之后,武松刚一见施恩就说:"小人是个治下的囚犯,自来未曾拜识尊颜。前日又蒙救了一顿大棒,今日又蒙每日好酒好食相待,甚是不当。又没半点差遣,正是无功不受禄,寝食不安。"等施恩说出蒋门神一事,武松呵呵大笑,马上答应出头。

出门打蒋门神那天,武松裹好头巾,穿好布衫,腰里系条红绢褡膊(这句不可轻易滑过去,腰里系条褡膊是为了腰部好发力),下面腿绑护膝,对施恩说,他要"无三不过望"——路遇酒店,不喝三碗不走。

施恩说:"恐哥哥醉也。"

武松大笑道:"你怕我醉了没本事?我却是没酒没本事,带一分酒便有一分本事,五分酒就五分本事,我若吃了十分酒,这气力不知从何而来。若不是酒醉后了大胆,景阳冈上如何打得这只大虫！那时节，我须烂醉了好下手。又有力，又有势！"

实际上我们不必把武松这段大话当真，在景阳冈打虎时，"武松被那一惊，酒都做冷汗出了"。武松打蒋门神之前喝酒，我读来有以下几层真实用意：

一是：称好汉。

你施恩不是担心我武松喝酒会误事？那我武松就喝给你看，如果误事，就不算好汉。武松内心那根"好汉"弦马上拨动了。

二是：方便挑事找岔。

快活林里的酒保就说："这客人醉了，只待要寻闹似的。"

三是：让蒋门神轻敌。

看得出来，施耐庵是很喜欢笔下武松这个人物，他花了十来回章节来刻画，而且是和书里头号角色宋江交织在一起叙事。为了突出武松的勇猛，施耐庵给武松设定的对手当然不能太差。第一个对手是大虫，其能力无需多言；第二个对手是西门庆，西门庆也是武功了得。西门庆能一脚踢飞武松的刀，而且"见踢去了刀，心里便有点不怕他"，着实镇静了得；第三个对手就是蒋门神，武松在醉打蒋门神之前，对他有一番观察，蒋门神确实长得凶恶，不能等闲视之。不过，也因为武松醉酒（五七分醉，装做十分醉），一见了武松，就轻敌了，"心里先欺他醉"。

另外，武人醉酒之后，是不是真如武松所说力大无穷？可能因人而异。我没有见过酒后力气变大的人，酒后发酒疯的人倒是见到不少。酒后当然能壮胆，武松的胆本来够大了，所以"壮胆"不属于武松喝酒后的功效。不过，酒后神经相对变得麻木，挨打不疼，倒是真的。武松醉酒，说不定还有这一层考虑。

附带一说，托名李卓吾给《水浒传》批注的落魄书生叶书，在武松醉打蒋门神的路上写到两首酒店风光诗词处点评道："都可删。"他其实不明白施耐庵的用意，此处闲插进的两首诗词，是激烈事件中的短暂停顿，节奏变换，于无声处听惊雷，于休闲之处，方见武松豪情。

玉环步，鸳鸯脚

对于打架一事，武松素来认真对待，"精打细算"。如突然把潘金莲的人头抛向西门庆，让后者章法大乱，都是精心安排的动作。武松醉打蒋门神，同样如此。

> 蒋门神见了武松，心里先欺他醉，只顾赶将入来。说时迟，那时快，武松先把两个拳头去蒋门神脸上虚影一影，忽地转身便走。蒋门神大怒，抢将来，被武松一飞脚踢起，踢中蒋门神小腹上，双手按了，便蹲下去。武松一提，提将过来，那只右脚早踢起，直飞在蒋门神额角上，

武松的玉环步鸳鸯脚及其他　　205

踢着正中，望后便倒。武松追入一步，踏住胸脯，提起这醋钵儿大小拳头，望蒋门神脸上便打。原来说过的，打蒋门神扑手，先把拳头虚影一影，便转身，却先飞起左脚，踢中了，便转过身来，再飞起右脚。这一扑，有名唤做"玉环步，鸳鸯脚"。这是武松平生的真才实学，非同小可！

施耐庵把武松的绝活"玉环步，鸳鸯脚"写得非常细致。

"先把两个拳头去蒋门神脸上虚影一影，忽地转身便走"，是连做了好几个假动作，迷惑、激怒蒋门神。结果正如武松预料。

武松突然转身，腰带动腿，出左腿，踢中蒋门神小腹。蒋门神双手按了，便蹲下去，人就矮了许多。

"踅"字有"盘旋""折转"意，本义是"单腿转动"，在此处非常适合本义。武松踢完左脚之后，身体顺势转正。

从"那只右脚早踢起"一句中的"早"字可以读出，武松应该是腾空交替双腿，左脚还没全落，起右腿，踢中蒋门神额角。一般说来，在实战之中很难踢中对手的头部，不过此时的蒋门神已蹲下，人矮了许多，又是暂时失去抵抗力，就可以乘胜痛殴。

这就是武松的绝活"玉环步，鸳鸯脚"。具体打法我们已经了解了,不过为什么叫"玉环步,鸳鸯脚"呢?

在我的故乡温州流传着出自南少林的罗汉拳种,在罗汉拳中,又有"醉罗汉"一说,其"玉环步"正是"醉罗汉"中的标准动作。巧得很,我追随瞿夫子学一路凶猛非常、刚柔相济的"扣步罗汉拳",其中就有一招"玉环步"。所谓的"玉环步",简单来说,就是在出拳时,重心压低,一只脚盖过另一只脚,步伐突然变得诡异(可以迷惑对手),陡然看起来,又带有一种说不清道不明的"顾盼生姿"舞蹈的美感。我想,这也正是"玉环步"的出处所在。

所以,武松醉打蒋门神时,"先把两个拳头去蒋门神脸上虚影一影"时,还要同时配合的脚下动作,"玉环步"。实际上,有经验的武人都知道,相比手上功夫,脚步文章最见功力。

何为"鸳鸯脚"?人们所见到的鸳鸯都是出双入对,所以,瞬间起两脚,多指腾空起两脚,就可称为"鸳鸯脚"。当然,如果一连起好几脚,最后数下来是奇数,我想,也可以称为"鸳鸯脚"。因为你腿上功夫既然如此了得,相对来说奇偶数就不严格了。

鸳鸯楼

武松血溅鸳鸯楼,是其冷静战术考量和愤怒内心的共同驱动。这一冷一热,在武松大汉宽广的胸膛之中交织沸腾。

武松提着刀,摸黑从张都监家后花园进入,第一个先抓住养马的后槽,后槽求饶,武松说:"怎地却饶你不得!"武松为什么不饶后槽,因为武松这时已经决定大开杀戒,冷静残酷。明白了这一条逻辑,才能读懂武松之后的所作所为。

最后,玉兰也难逃一死,其细节再次让人毛骨悚然。

> 武松握着朴刀,向玉兰心窝里搠着。两个小的,亦被武松搠死,一朴刀一个结果了。走出中堂,把拴拴了前门,又入来寻着两三个妇女,也都搠死了在房里。武松道:"我方才心满意足,走了罢休!"

朴刀是在杆棒一头装上刀的兵器。王学泰先生说,此处描写动作的用词非常精确,朴刀的功能是"刺",所以武松手的动作是"握",而且一定是双手,因为要握住细长的朴刀杆儿,必须双手,从中可见武松用心之狠。[1]

问题是,武松为何会对玉兰这个弱女子如此心狠?武松眼中的玉兰是怎样一副模样?《水浒传》里有诗曰:

---

[1] 王学泰:《水浒识小录》,广西师范大学出版社2012年版,第5页。

脸如莲萼，唇似樱桃。两弯眉画远山青，一对眼明秋水润。纤腰袅娜，绿罗裙掩映金莲；素体馨香，绛纱袖轻笼玉笋。凤钗斜插笼云髻，象板高擎立玳筵。

实际上，武松在玉兰身上分明看到潘金莲的影子。何以这么说？《水浒传》里也有一首诗，写武松眼中的潘金莲：

眉似初春柳叶，常含着雨恨云愁；脸如三月桃花，暗藏着风情月意。纤腰袅娜，拘束的燕懒莺慵；檀口轻盈，勾引得蜂狂蝶乱。玉貌妖娆花解语，芳容窈窕玉生香。

比较两人会发现，潘金莲和玉兰有好几处相同点：都是嘴唇红艳、腰肢婀娜、体香、小脚。你也许会认为这是一种巧合，毕竟写美人诗词总是千篇一律。如果说作者写嘴唇、腰肢与体香是巧合的话，那写到玉兰的小脚这一处灼人的细节，就让我们不得不怀疑施耐庵是有意为之："绿罗裙掩映金莲"，诗词中明明白白嵌着他的大嫂潘金莲的名字！

等到后来，张都监假意要把"心爱的养娘"玉兰许给武松，武松内心是期待的："都监相公如此爱我，又把花枝也是个女儿许我。"

武松这句内心独白道出了他两个最真实的愿望：想过体面

人生；想娶妻生子，安定生活。无奈武松最后发现，这又是一场局，他的两个愿望，一体两面，同时破碎。

除此之外，我认为，武松还有一种得知自己入局之后的愤怒。武松是入了张都监设的局，同时我们也不要忘记了，武松也是入了施恩设的局。

第三十回写道，张都监派人来取武松：

> 施恩看了，寻思道："这张都监是我父亲的上司官，属他调遣。今者武松又是配来的囚徒，亦属他管下，只得教他去。"施恩便对武松道："兄长，这几位郎中，是张都监相公处差来取你。他既着人牵马来，哥哥心下如何？"武松是个一勇之夫，终无计较，便道："他既是取我，只得走一遭，看他有甚话说。"随即换了衣裳巾帻，带了个小伴当，上了马，一同众人，投孟州城里来。

等到施恩父子得知武松入了张都监的局。施恩的父亲老管营不假思索道：

> 眼见得是张团练替蒋门神报仇，买嘱张都监，却设出这条计策陷害武松。必然是他着人去上下都使了钱，受了人情贿赂，众人以此不由他分说，必然要害他性命。

施恩父子当然早就知道蒋门神的后台是自己的顶头上司张都监，施恩父子是想利用武松的神威，取回快活林，做它个木已成舟，让顶头上司张都监无话可说。这正是施恩为什么会"寻思"良久，施恩的父亲后来能不假思索地猜到前因后果的关隘所在。

"武松是个一勇之夫，终无计较。"写书的施耐庵忍不住跳出来提醒武松：小心了，你要入局了！

在飞云浦上"寻思了半晌"的武松应该知道自己也入了施恩的局，所以，他对施恩的情感是复杂的。当然，如果武松内心对施恩有不满的话，也只能在鸳鸯楼十几条人命那里得到补偿。我们不要忘记施耐庵给施恩取的名字，施恩施恩，施给谁的恩？

施耐庵喜欢玩"对应的游戏"——在书中埋下线索，让它们两两对应。我认为，景阳冈打虎和狮子桥杀西门庆相对应，大虫和狮子都是凶猛的形象；同样的，我也认为武松的鸳鸯脚与鸳鸯楼相对应，一个是武术的招式，一个是风花雪月的暗示，两两对应，让武松的命运更加悲怆。

《水浒传》里很多主要人物，都拥有一个告别过去的鲜明标志，如林冲风雪山神庙（烧了草料场，林冲是死罪，走投无路）。武松在飞云浦上"寻思了半晌"（这是武松这条大汉第一次陷入迟疑），无疑在做抉择：要么就此亡命江湖，身上的罪状还不算太大；要么，回头杀张都监，出这口恨气，十恶不赦！当武松在飞云浦"选好的（腰刀）取把将来跨了，拣条好朴刀提着"，往孟州城发足狂奔时，他之后的命运就已经注定了——后来行者打扮只是顺理成章的事。

读绣像本《水浒传》，读到第三十一回"张都监血溅鸳鸯楼 武行者夜走蜈蚣岭"时，一翻绣像，看到武松突然换了面目，我总会替他感到哀伤。

孙悟空为什么会被菩提祖师逐出师门？

一

孙悟空为什么会被菩提祖师逐出师门，粗读，总觉得书中埋了一个不曾点破的哑谜；不过从武术的角度来看，却是一件很明白的事。

首先从菩提祖师的形象说起。孙悟空初到菩提祖师门下时，两人有一段关于学道的对话。诗人林庚在《西游记漫话》里评论道："对话中的'打市语'正透露出菩提祖师身上的江湖习气。孙悟空的师父号称菩提祖师，取的是佛家的名字，可是又被人称做神仙，因此从打坐参禅到阴阳五行，似乎都在教习之列。但具体说来则无非就是三教九流，五花八门，采石炼丹、占卜算卦和预知吉凶的大杂烩，不过是些江湖上谋生的手段而已。"[1]

---

[1] 林庚：《西游记漫话》，北京出版社 2004 年版，第 17 页。

不过，单从书中菩提祖师显露的道术来看，他有不折不扣的真才实学，是熔各方道术于一炉的一代宗师。孙悟空上天入地拜师，初心是"道心远虑，道心开发"，求个"长生不老"之术，也是融"道""术"于一身。剥离"道""术"这个谜题，最根本的议题是，孙悟空其实是去学"艺"。

关于《西游记》的作者和具体成书时间，虽然一直存在争议，不过，该书成书于明清时期，却是一个公论。明清时期，正是民间武术兴盛之时，这种风气，不知不觉被《西游记》作者写入书中。

孙悟空去学艺，最重要的，是学武艺。菩提祖师也不是如林庚所说是"江湖上谋生"的"市井师父"而已，而是门规森严的武学宗师。菩提祖师传艺和逐孙悟空出师门，都合乎江湖规矩。

二

旧时师父收徒，大多是通过熟人介绍，撞上门来拜师很少。江湖凶险，来路不明的人，敌我难分，明为拜师暗有目的者有之。

孙悟空拜见菩提祖师，没有熟人介绍，只是听樵夫说起。菩提祖师难免对他会有一通盘问。这是师父收徒的第一道江湖经验。

美猴王一见，倒身下拜，磕头不计其数，口中只道："师父，师父！我弟子志心朝礼，志心朝礼！"祖师道："你是那方人氏？且说个乡贯姓名明白，再拜。"猴王道："弟子乃东胜神洲傲来国花果山水帘洞人氏。"祖师喝令："赶出去！他本是个撒诈捣虚之徒，那里修甚么道果！"猴王慌忙磕头不住道："弟子是老实之言，决无虚诈。"祖师道："你既老实，怎么说东胜神洲？那去处到我这里，隔两重大海，一座南赡部洲，如何就得到此？"猴王叩头道："弟子飘洋过海，登界游方，有十数个年头，方才访到此处。"祖师道："既是逐渐行来的也罢。你姓甚么？"猴王又道："我无性。人若骂我我也不恼，若打我我也不嗔，只是陪个礼儿就罢了，一生无性。"祖师道："不是这个性。你父母原来姓甚么？"猴王道："我也无父母。"祖师道："既无父母，想是树上生的？"猴王道："我虽不是树上生，却是石里长的。我只记得花果山上有一块仙石，其年石破，我便生也。"祖师闻言暗喜道："这等说，却是个天地生成的，你起来走走我看。"猴王纵身跳起，拐呀拐的走了两遍。

盘问一通，问明来路，菩提祖师终于感到踏实，下一段，祖师马上就是"笑道"。

收下孙悟空为徒之后，菩提祖师并没有马上就教他真功夫，而是教他"洒扫应对，进退周旋之节"七年。温州民间有个说法，去师父家学功夫，先要给师父倒三年尿壶。端尿壶、"洒扫应对，进退周旋之节"，往大处说，固然是为了磨徒弟心性，不过还有一层不能道破的作用，这其实是师父对徒弟的考验，考验学艺之心是否坚决，忍受不住的徒弟会知难而退，顺便也是被师父淘汰，留下的是执着的肯吃苦的。

平心而论，菩提祖师对孙悟空的考验还算客气斯文。旧时武林，师父对徒弟的考验，还有做基本功和抽打。

徒弟习武，师父先让徒弟扎一年马步；想学八卦掌，先蹚泥步走圈走三年，其他什么都不说。扎马步和走蹚泥步，都是基本功，长久下去，非常乏味，甚至非常痛苦。忍受不住？那你走好了。师父的淘汰机制又启动了。

如果徒弟忍受住基本功的考验，好处无穷，体会出不一样的味道。武术中的绝学，说开了，其实就是苦练基本功，但又不是低头苦练，而是需要师父随时指点。以八卦掌为例，走步时，马要低，脚如蹚泥，步法练好了，再加上手上的动作，自然就能事半功倍。

扎马步也是同样的功能。据说，温州武术宗师"道士旺"

17岁时拜武术名家蒋幼山为师，蒋幼山也是先不教他功夫，让他扎一字马，其他什么都不说。"道士旺"就在蒋幼山家像树一样一直扎下去。有一日，有客来访，仆人端着茶从"道士旺"身后走过，"道士旺"身体自动发劲，把端茶的仆人打出去了。蒋幼山听到动静，起身出房间一看，嗯，火候到了，可以教"道士旺"功夫了。

各行各业的老派教育，常见师父打徒弟，弟子私塾里要挨手板，和尚打坐要挨香板，戏子学戏更是一天到晚挨打，徐皓峰在《武人琴音》中认为，这"有其道理，打一下是给肌肉刺激，更新原有的生理习惯，学艺会快"。

瞿夫子告诉我，旧时学武挨老师打，确实"有其道理"，而且还有好几层道理。首先，学打人先要学会挨打，其中包括抗击打能力的训练，以及被打时的瞬间反应，在师父那里挨打了一段时间之后，师父打过来的拳，徒弟慢慢地就能接住了，这时，师父是开心的，说明徒弟的功夫有长进了。如果没有经过这层训练，出门打架，第一场必定会输。

还有一层道理，抽打也是提醒。打拳时，最忌讳马步松掉，所以，师父会在徒弟耳边一再提醒："马步要扎牢。"当徒弟的马步一松掉，严格的师父常常会起一鞭腿[1]打在他的腿上，

---

[1] 散打中弧线腿法的统称，有高边腿、中边腿、低边腿，也称"边腿"。

徒弟为了不能让马步倒掉,就会同时往外一撑,这是对马步的加强练习。如果马步被师父踢倒了,你的马步就是没用的。

另外一层道理,这也是一种淘汰机制。这又是通向原点,受不了师父的殴打,那你走好了。

《西游记》里的菩提祖师也是手握戒尺,生起气来,咄的一声,跳下高台,指定悟空道:"你这猢狲,这般不学,那般不学,却待怎么?"走上前,将悟空头上打了三下,倒背着手,走入里面,将中门关了,撇下大众而去。

这是明清习武时的常见场面。

三

孙悟空的脑袋被菩提祖师这么"咚咚咚"打了三下之后,一点也不恼,只是满脸陪笑,已打破盘中之谜。孙悟空经过淘汰这一关,开始向"入室"弟子迈进。

旧时师父收徒分几等,最疏远的是随便教几招,这种人甚至连"徒弟"的名称都算不上,如斜月三星洞旁打柴的樵夫。

> 樵夫笑道:"实不瞒你说,这个词名做《满庭芳》,乃一神仙教我的。那神仙与我舍下相邻。他见我家事劳苦,日常烦恼,教我遇烦恼时,即把这词儿念念,一则散心,

二则解困，我才有些不足处思虑，故此念念。不期被你听了。"猴王道："你家既与神仙相邻，何不从他修行？学得个不老之方，却不是好？"樵夫道："我一生命苦，自幼蒙父母养育至八九岁，才知人事，不幸父丧，母亲居孀。再无兄弟姊妹，只我一人，没奈何，早晚侍奉。如今母老，一发不敢抛离。却又田园荒芜，衣食不足，只得斫两束柴薪，挑向市廛之间，货几文钱，籴几升米，自炊自造，安排些茶饭，供养老母，所以不能修行。"

武林里有一句行话，叫"穷文富武"，有钱有闲了，才有精力习武，习武也是为了能守住家院。我一向觉得，这四个字可以接上孔夫子说的那句话："行有余力，则以学文，穷文富武。"

可见樵夫与菩提祖师的学道缘分还没到，这也是为陪衬孙悟空和菩提祖师之间的师徒情谊。

稍微亲密的，入师父的门，就成为"入门"弟子。黄飞鸿公开传授的拳是虎鹤双形，杨澄甫公开传授的拳是杨氏太极套路，两套拳都打得很漂亮，好收学费。那些打虎鹤双形或杨氏太极套路的，都是黄飞鸿或杨澄甫的弟子，这也只是"入门"弟子。

师父再从"入门"弟子中选出最亲密的"入室"弟子。"入室"弟子就是关起门来教杀招和绝活。"入室"弟子是可以传授衣钵的。

旧时入室弟子是给师父挡死的。李存义上战场、入巷战均是尚云祥护在身后挡冷枪。挡死，也是挡事。中华武士会开办之初，立了百日擂台，为服武行同道，为向市民宣传，尚云祥是擂主，铁打的营盘。[1]

> 悟空不敢惊动，即跪在榻前。那祖师不多时觉来，舒开两足，口中自吟道："难，难，难！道最玄，莫把金丹作等闲。不遇至人传妙诀，空言口困舌头干！"

《水浒传》的阮氏三雄说，这一头颅热血只卖给识货的。世间识货的人少，何况是要把最为金贵的绝学授予徒弟。菩提祖师的这句"难，难，难！"是一句掏心窝子的话。明师难寻，同样的，好的徒弟也难寻。徒弟在选师父，同样的，师父也在选徒弟。

> 悟空应声叫道："师父，弟子在此跪候多时。"祖师闻得声音是悟空，即起披衣盘坐，喝道："这猢狲！你不在

---

[1] 徐皓峰：《武人琴音》，人民文学出版社 2014 年版。

前边去睡，却来我这后边作甚？"

菩提祖师心思缜密，事到临头了，还想最后考考孙悟空，看他是自己悟到的还是蒙对的？

悟空道："师父昨日坛前对众相允，教弟子三更时候，从后门里传我道理，故此大胆径拜老爷榻下。"祖师听说，十分欢喜，暗自寻思道："这厮果然是个天地生成的，不然，何就打破我盘中之暗谜也？"

到此，孙悟空才通过菩提祖师的层层考验，成为他的入室弟子。

四

菩提祖师对入室弟子孙悟空可谓是按其习性，谆谆教诲，关爱有加。我步入中年，为人父为人师（作文班老师）之后，才突然体会到菩提祖师对孙悟空的良苦用心。

孙悟空入室三年之后，菩提祖师再次点拨。

（菩提祖师）忽问："悟空何在？"悟空近前跪下：

"弟子有。"祖师道:"你这一向修些甚么道来?"悟空道:"弟子近来法性颇通,根源亦渐坚固矣。"祖师道:"你既通法性,会得根源,已注神体,却只是防备着三灾利害。"

学艺到一定阶段,稍有体会,容易生骄傲之心,会跃跃欲试,总想找个人试试,检验所学。这是一个最危险的阶段。菩提祖师又乘机用言语敲一下孙悟空。

悟空听说,沉吟良久道:"师父之言谬矣。我尝闻道高德隆,与天同寿,水火既济,百病不生,却怎么有个'三灾利害'?"

这是孙悟空在悟道之后,第一次正儿八经(沉吟良久)反驳师父的看法。菩提老祖只能把言语再往重里说。

祖师道:"此乃非常之道,夺天地之造化,侵日月之玄机。丹成之后,鬼神难容。虽驻颜益寿,但到了五百年后,天降雷灾打你,须要见性明心,预先躲避。躲得过寿与天齐,躲不过就此绝命。再五百年后,天降火灾烧你。这火不是天火,亦不是凡火,唤做阴火。自本身涌泉穴下烧起，直透泥垣宫，五脏成灰，四肢皆朽，把千年苦行，俱为虚幻。再五百年，又降风灾吹你。这风不是东南西北风，不是和熏金朔风，亦不是花柳松竹风，唤做赑风。自囟门中吹入六腑，过丹田，穿九窍，骨肉消疏，其身自解。所以都要躲过。"悟空闻说，毛骨悚然，叩头礼拜道："万望老爷垂悯，传与躲避三灾之法，到底不敢忘恩。"

把孙悟空说得"毛骨悚然，叩头礼拜"，菩提祖师的目的就达到了：让孙悟空重生敬畏心，才好再传一门绝技。

祖师说："也罢，你要学那一般？有一般天罡数，该三十六般变化；有一般地煞数，该七十二般变化。"悟空道："弟子愿多里捞摸，学一个地煞变化罢。"祖师道："既如此，上前来，传与你口诀。"遂附耳低言，不知说了些甚么妙法。这猴王也是他一窍通时百窍通，当时习了口诀，自修自炼，将七十二般变化都学成了。

祖师道："既如此，上前来，传与你口诀。"是以公开的姿态向入室弟子孙悟空传授密语。在读者看来，菩提老祖的这种做法似乎有欠考虑。因为下一句"遂附耳低言，不知说了些甚么妙法"，正是众多入门弟子看到的场景，这容易让其他徒弟生嫉妒之心。实际上，孙悟空最后被逐出师门的因，此刻已经埋下。但是，站在徒弟的角度来看，不能说师父做得欠考虑，这是徒弟的本分。不过，心思细腻的师父会告诉个别徒弟，在其他徒弟之间，某某招数可以不用显露，因为师父传授武艺，也是因材施教，徒弟有别。

同样的，菩提祖师又以相同的方式，公开密语传授筋斗云。细细体会，菩提老祖传给孙悟空的七十二般变化和筋斗云，纯粹是为他量身定制，未必适合其他徒弟。

> 大众听说，一个个嘻嘻笑道："悟空造化！若会这个法儿，与人家当铺兵，送文书，递报单，不管那里都寻了饭吃。"师徒们天昏各归洞府。这一夜，悟空即运神炼法，会了筋斗云。逐日家无拘无束，自在逍遥，此亦长生之美。

众人对孙悟空的嫉妒之心，越来越浓烈。紧接着，事情开始失控。

> 一日，春归夏至，大众都在松树下会讲多时。大众道："悟空，你是那世修来的缘法？前日老师父附耳低言，传与你的躲三灾变化之法，可都会么？"悟空笑道：

"不瞒诸兄长说，一则是师父传授，二来也是我昼夜殷勤，那几般儿都会了。"大众道："趁此良时，你试演演，让我等看看。"悟空闻说，抖擞精神，卖弄手段道："众师兄请出个题目，要我变化什么？"

孙悟空开始变化各种形象，他却不知已经犯下"入室弟子不该在外显露"这一武林大忌。孙悟空为人为猴都机灵，可是戴不得高帽。这是他性格的弱点，也是我们人性之中的一部分。

不觉的嚷闹，惊动了祖师，祖师急拽杖出门来问道："是何人在此喧哗？"大众闻呼，慌忙检束，整衣向前。悟空也现了本相，杂在丛中道："启上尊师，我等在此会讲，更无外姓喧哗。"祖师怒喝道："你等大呼小叫，全不像个修行的体段。修行的人，口开神气散，舌动是非生，如何在此嚷笑？"大众道："不敢瞒师父，适才孙悟空演变化耍子。教他变棵松树，果然是棵松树，弟子每俱称扬喝采，故高声惊冒尊师，望乞恕罪。"祖师道："你等起去。"叫："悟空过来！我问你弄甚么精神，变甚么松树？这个工夫，可好在人前卖弄？假如你见别人有，不要求他？别人见你有，必然求你。你若畏祸却要传他，若不传他，必然加害，你之性命又不可保。"悟空叩头道："只望师父恕罪！"祖师道："我也不罪你，但只是你去罢。"悟空闻此言，满眼堕泪道："师父，教我往那里去？"祖师道："你从那里来，便从那里去就是了。"悟空顿然醒悟道："我自东胜神洲傲来国花果山水帘洞来的。"祖师道："你快回去，全你性命；若在此间断然不可！"悟空领罪："上告尊师，我也离家有二十年矣，虽是回顾旧日儿孙，但念师父厚恩未报，不敢去。"祖师道："那里甚么恩义？你只不惹祸不牵带我就罢了！"悟空见没奈何，只得拜辞，与众相别。祖师道："你这去，定生不良。凭你怎么惹祸行凶，却不许说是我的徒弟，你说出半个字来，我就知之，把你这猢狲剥皮锉骨，将神魂贬在九幽之处，教你万劫不得翻身！"悟空道："决不敢提起师父一字，只说是我自家会的便罢。"

孙悟空犯了大忌之后，菩提祖师一改往日气定神闲的"修行体段"，"急拽杖出门"，"怒喝道"，马上对"入室弟子"心死。菩提祖师这一段怒不可遏之词，没有一点夸张，是当时最真实的江湖经验。

杨露禅早年在城内西大街杂粮摊帮工时，临街药店掌柜是外地人，被当地恶霸欺负，以致发生争执动武。掌柜略一举手，其人跌至对街。杨露禅目睹此景，甚为惊奇，心知掌柜必精武功，心中十分羡慕，就表示愿意拜师求学，因为杨露禅年少时曾习少林拳，自认为不能达到掌柜的武艺境界。掌柜开始推托，对自己所习拳法讳莫如深，不愿讲——读读菩提祖师上段的话就能明白掌柜的担心——后来感于露禅求学诚意，就告诉他："我的功夫不足为你老师，我的家乡河南陈家沟，习太极拳者甚众，而陈长兴的太极拳，是海内泰斗。陈平时立身中正，不倚不靠，气势伟岸，时人称为牌位先生。我可介绍前往，倘许名列门墙，成为他的徒弟，将来必有成就。"杨露禅大喜，遂至陈家沟拜陈长兴为师。

显露武艺之后，被人所知，那人要来拜师，这还算好的。最坏情况是，如果那人不服来比武挑战，或者被仇家所知，这不反而连累师父了？

> 悟空领罪："上告尊师，我也离家有二十年矣，虽是回顾旧日儿孙，但念师父厚恩未报，不敢去。"祖师道："那里甚么恩义？你只不惹祸不牵带我就罢了！"

唐僧在西游路上的一句口头禅也是："你可别连累师父。"把西游之路看做押镖，就好理解了，在唐僧看来，最重要的是押的镖（自己）要平安。

原著里，菩提祖师把孙悟空逐出师门之后，就不再出场。

央视老版电视剧《西游记》不死心，师徒四人过五庄观，孙悟空为偷吃人参果而推倒人参树，不得不四处求医活仙树的方法，剧中凭空加了一段去斜月三星洞找师父的戏份。孙悟空发现，那里早已是人去楼空，蜘蛛网密布，他徒劳呼喊了好一通"师父"。这是我看过的孙悟空最哀伤的形象，思之让人坠泪。

哪一回之后唐僧不再念紧箍咒了？

一

20岁那年，我看了电影《大话西游》，才开始阅读《西游记》原著。读完之后，真真觉得，《西游记》是"四大名著"中最差的一部。

后来无意中看到一位作家点评《西游记》，他说，随着故事叙述的展开，主角性格没有一点变化，回回都是如此，这是《西游记》最大的问题也是最乏味的地方。当时，我深以为然。

十来年之后，我碰到剑道老师黄维立。我们聊到《西游记》，我对《西游记》原著又是一顿咄咄指责，黄维立师笑着听完，突然问我一句："哪一回之后唐僧不再念紧箍咒了？"

轻轻一句，犹如禅宗棒喝，我呆若木鸡，哑口无言。

二

我只能重读《西游记》。十几年过去了，再细细端详这位爱讲谜语的老朋友，我终于猜出他其中一个口袋里的硬币数目。

整部《西游记》，布满谜语。第一回，菩提老祖的道场叫"灵台方寸山斜月三星洞"，"斜月三星"，就是"心"字。我可以想象吴承恩在写下这些谜语时嘴角泛上来的狡猾微笑。

在解答黄维立师给我的这个问题之前，先要搞清楚在书中第五十七回和第五十八回出现的神通广大的"六耳猕猴"究竟是什么"东西"？

书中众人难辨真假美猴王，两位就打到各处求鉴定。打到凌霄宝殿——

> 玉帝即传旨宣托塔李天王，教："把照妖镜来照这厮谁真谁假，教他假灭真存。"天王即取镜照住，请玉帝同众神观看。镜中乃是两个孙悟空的影子，金箍衣服，毫发不差。玉帝亦辨不出，赶出殿外。这大圣呵呵冷笑，那行者也哈哈欢喜，揪头抹颈，复打出天门。

照妖镜里照不出来，可见"六耳猕猴"不是妖。

接着两位打到阴间,"管簿判官一一从头查勘,更无个假行者之名。"紧接着,地藏王菩萨出马了——

正说处,只听得地藏王菩萨道:"且住,且住!等我着谛听与你听个真假。"原来那谛听是地藏菩萨经案下伏的一个兽名。他若伏在地下,一霎时,将四大部洲山川社稷,洞天福地之间,蠃虫、麟虫、毛虫、羽虫、昆虫、天仙、地仙、神仙、人仙、鬼仙可以照鉴善恶,察听贤愚。那兽奉地藏钧旨,就于森罗庭院之中,俯伏在地。须臾,抬起头来,对地藏道:"怪名虽有,但不可当面说破,又不能助力擒他。"地藏道:"当面说出便怎么?"谛听道:"当面说出,恐妖精恶发,搔扰宝殿,致令阴府不安。"又问:"何为不能助力擒拿?"谛听道:"妖精神通,与孙大圣无二。幽冥之神,能有多少法力,故此不能擒拿。"地藏道:"似这般怎生祛除?"谛听言:"佛法无边。"地藏早已省悟。即对行者道:"你两个形容如一,神通无二,若要辨明,须到雷音寺释迦如来那里,方得明白。"两个一齐嚷道:"说的是,说的是!我和你西天佛祖之前折辨去!"那十殿阴君送出,谢了地藏,回上翠云宫,着鬼使闭了幽冥关隘不题。

哪一回之后唐僧不再念紧箍咒了?

谛听，算是《西游记》里最狡猾的神兽了。借谛听的口，吴承恩把谜底解开了一点点："妖精神通，与孙大圣无二。"

两位又打到如来面前，最终被如来看出端倪，说假的美猴王是混世四猴中的六耳猕猴。如来说——

> 此猴若立一处，能知千里外之事，凡人说话，亦能知之，故此善聆音，能察理，知前后，万物皆明。与真悟空同象同音者，六耳猕猴也。

如来对六耳猕猴神通的这段赞赏，同样适合孙悟空，这是"妖精神通，与孙大圣无二"的叙述升级版。

三

最核心的问题是，何为六耳？六耳猕猴，并不是说它真的有六只耳朵。

美国汉学家浦安迪在《明代小说四大奇书》这本书里说，假美猴王是"多耳朵怪物"。读到此处，真有隔靴搔痒之感。如果吴承恩看到后人如此解读，一定会乐得在床上翻"筋斗云"。不过，这不能怪浦安迪，实话实说，有时候老外真的很难明白我们的聪明与狡猾。

第五十八回，真假美猴王打到如来之前，吴承恩借如来的口，几乎已把谜底全解开了，如来对众人说——

汝等俱是一心，且看二心竞斗而来也。

真正的谜底却在全书的第二回。吴承恩把这个谜底埋得确实够深的。第二回，孙悟空跟菩提老祖学艺，因在人前卖弄，被菩提老祖打了三下，孙悟空解开盘中之谜，三更从后门入室听法。孙悟空说——

此间更无六耳，止只弟子一人，望师父大舍慈悲，传与我长生之道罢，永不忘恩！

"此间更无六耳，止只弟子一人"，六耳，就是第三人的意思。

六耳，其实是古人的常有语。禅宗著作《传灯录》里"六耳不同谋"之语，清朝的章回体小说《儿女英雄传》引用了这句，值得回味的是，这是从两个想谋财害命的歹人口中说出的。清朝世情小说《快心编》里也有"真个两人算计，六耳不传"之语。

六耳猕猴，它是孙悟空和唐僧之间的"第三人"，说得更具体点，是孙悟空和唐僧之间由于不信任产生的心魔，非妖非怪，其法术武艺出自孙大圣自身，自然"妖精神通，与孙大圣无二"。

四

对唐僧来说，很多时候，"神妖兽人"四合一的孙悟空是他身边最大的威胁。唐僧和孙悟空，最初关系非常恶劣。

第十四回，唐僧刚收孙悟空为徒，孙悟空连杀六贼。唐僧十分生气，对着孙悟空一顿絮絮叨叨指责，唐僧最大的担忧是：你会连累我。这句话，唐僧一直挂在嘴边。

孙悟空一生哪里受得了人气，按不住心头火，"咻"一声飞走了。这是孙悟空第一次对唐僧发火，也是第一次离开唐僧。

观音乘机传唐僧紧箍咒，紧箍咒又名"定心真言"，这个名字值得细细玩味。

孙悟空回家路上顺道经过东海龙宫，东海龙王讲解《圯桥进履图》，孙悟空幡然醒悟，回头再去保唐僧。可见，孙悟空并非顽石一块，是重情重义一灵猴。回头之后哪想被设局戴上紧箍咒，孙悟空遂生弑师之心，无奈头痛难忍，只能屈服，"再无退悔之意"，"死心塌地，抖擞精神"奔西而去。真是"满纸荒唐言，一个好金箍"。

有意思的是，孙悟空连杀六贼的名字分别叫：眼看喜、耳听怒、鼻嗅爱、舌尝思、意见欲和身本忧，连在一起刚好是佛家所说的六根。看本回题目，叫"心猿归正，六贼无踪"，那孙悟空杀六贼，看似杀生，却是六根清净之意。

第十五回，孙悟空"越加嗔怒，就叫喊如雷"。戴上金箍之后，孙悟空火气很大。也是，上了一个环，还拿不下来，长肉里，还会痛。谁戴上不生气呢？

第十六回，孙悟空在观音院撞钟，他说自己是："我这是做一日和尚撞一日钟。"说了一句大实话。这一回，唐僧威胁念紧箍咒一回，真念了一回。孙悟空"扑的跌倒在地，抱着头，十分难禁"。

从第十七回到第二十四回，唐僧收白龙马，猪八戒和沙僧，他与孙悟空之间的关系暂时缓和。

第二十四回至第二十六回，唐僧师徒四人过五庄观，唐僧与孙悟空的关系再次变得紧张，骂孙悟空，"你这猴头"，两次威胁要念那紧箍咒。此回唐僧生气，还有一层意思是，徒弟三个人(白龙马又一次被忽略了)竟然合伙来骗他这个老实人，着实可恶，有孤家寡人之感。等到观音救活了人参果树，事件圆满结束，唐僧也当众咬了一个人参果。

唐僧和孙悟空在五庄观产生的不愉快，渗透到下一回："尸魔三戏唐三藏　圣僧恨逐美猴王。"在这一回开头，唐僧饿了，要孙悟空去化斋，孙悟空"陪笑"道，这里前不着村后不

哪一回之后唐僧不再念紧箍咒了？　　235

着店，很不实际嘛。唐僧心中不快，口里骂道：

> 你这猴子！想你在两界山，被如来压在石匣之内，口能言，足不能行，也亏我救你性命，摩顶受戒，做了我的徒弟。怎么不肯努力，常怀懒惰之心！

得道圣僧终于对着孙悟空称功劳。救人于倒悬，会让施救者变得高大与虚荣。这一回，孙悟空三打白骨精，唐僧三念紧箍咒，有一次还把紧箍咒颠倒足足念了二十遍。唐僧的紧箍咒是越念越狠。这一回末，孙悟空被逐。

孙悟空被逐之后，唐僧宝象国遇难，猪八戒无奈，只能上花果山请回孙悟空，孙悟空终于降服下界的奎木狼，把被变成老虎的唐僧变回原形。对唐僧来说，这是对他上几回不识白骨夫人的嘲讽。跨越数回之后，唐僧与孙悟空再次相见。

> 三藏谢之不尽道："贤徒，亏了你也，亏了你也！这一去，早诣西方，径回东土，奏唐王，你的功劳第一。"行者笑道："莫说莫说！但不念那话儿，足感爱厚之情也。"

"那话儿"是章回体小说中的"国骂"。《西游记》第四十八

闲杂篇

回，八戒道："不好了！风响是那话儿来了。"在《金瓶梅》中，"那话儿"特指男性生殖器。唐僧说了一句客套话，孙悟空回了一句带"国骂"的彼此彼此。显而易见，心结并没有完全解开，两个人之间还"隔着一层可悲的厚障壁"。

从孙悟空回归的第三十二回开始，唐僧和孙悟空之间尖锐紧张的关系又被按下了，到了第三十八回，伏笔又破土而出，唐僧用紧箍咒威胁孙悟空无论如何都要救回乌鸡国王，这一次唐僧又真念了。

紧箍咒这东西，一念仿佛就会上瘾。刚过乌鸡国，第四十回遇红孩儿，唐僧又说要念那紧箍咒，被沙僧苦苦劝住才作罢。

犹如一场旷日持久的"鬼打墙"。第四十回之后，两个人之间的关系缓和了，过了十六回之后，就到了非常诡异的第五十六回"神狂诛草寇　道昧放心猿"。这一回，孙悟空又诛杀草寇，被唐僧骂，"骂恼了"——孙悟空又回到了两个人初识的状态——还忍不住笑道："师父，你老人家忒没情意。"孙悟空开始怨恨唐僧。孙悟空这句怨恨的话，其实是接唐僧在第二十七回里称的功劳："你这猴子！想你在两界山，被如来压在石匣之内，口能言，足不能行，也亏我救你性命，摩顶受戒，做了我的徒弟。"言下之意，师徒之间已经两清，我多次救你，算下来，你还欠我老孙多点呢，所以，你"忒没情意"。翻翻章节，两个人之间的这个疙瘩，跨越了千山万水，郁结了近三十回。

哪一回之后唐僧不再念紧箍咒了？

师徒一顿口角,唐僧"怀嗔上马","孙大圣有不睦之心,八戒、沙僧亦有嫉妒之意,师徒都面是背非"。这是《西游记》前半部之中,对取经人"面是背非"最直接、最入骨的描写。

师徒几人很快又遇草寇,接下来是如此一段——

> 行者问那不死带伤的贼人道:"那个是那杨老儿的儿子?"那贼哼哼的告道:"爷爷,那穿黄的是!"行者上前,夺过刀来,把个穿黄的割下头来,血淋淋提在手中,收了铁棒,拽开云步,赶到唐僧马前,提着头道:"师父,这是杨老儿的逆子,被老孙取将首级来也。"三藏见了,大惊失色,慌得跌下马来,骂道:"这泼猢狲!唬杀我也!快拿过,快拿过!"八戒上前,将人头一脚踢下路旁,使钉钯筑些土盖了。

这是整部《西游记》里最毛骨悚然的章节。孙悟空内心的魔性和兽性彻底被释放,在这一刹那,孙悟空就成了取经路上最大的妖魔。孙悟空在花果山占山为王,也曾杀人如麻,那时杀的只是一个个冰冷的统计数据,而在此处,是提起一个真实的血淋淋的人头。

看到这一个血淋淋人头,唐僧当然又是念紧箍咒,孙悟空只教莫念,一路筋斗云而去。云上一路寻思:回去吧,愧见家乡猴子和各方神仙，只得又回头去保唐僧，唐僧不答应，又念紧箍咒二十余回——比三打白骨精时，又多念了几回——把大圣咒倒在地，"箍儿陷在肉里有一寸来深浅"。孙悟空这才决绝离开，六耳猕猴在下一回顺理成章出现。

五

正是在真假美猴王之后，师徒之间不信任的心魔彻底解开，师徒一条心，唐僧也不再念那紧箍咒。师徒之间其乐融融，偶尔有些口角，也都是无伤大雅的插科打诨了。

直到取经结束，都不见"紧箍咒"或"金箍"这几个字。何以故？用第十三回唐僧自己的话来说："心生，种种魔生；心灭，种种魔灭。"心灭魔灭金箍无。西游之路，就是修心之旅。所以，一个"心"字，贯穿整部《西游记》。

唐僧和孙悟空之间从不信任到信任的关系，正是一个圆的结构。实际上，整部《西游记》就是一个巨大的圆套着各种小圆，圆与圆之间相互印证相互影响。菩提老祖把孙悟空逐出师门时说，你从哪里来，便从哪里去就是了。唐僧也是从哪里来，便哪里去。过千山万水，都是在"心"字的轮廓上绕。

西游，是一场命题作文，既然大圆的轨迹都已经安排好了，那么，必然决定了每一个小圆的大致走向。如此说来，所谓的情节雷同，就可以原谅了。毕竟，每一场华丽的筵席，散场的方式总是一样的。每一次修心，修的内容不同（如戒色、戒嗔），方式却是相同的。心思缜密、伏笔千里的吴承恩，当然认识到情节类似的问题，他是故意为之。

六

对早年那位作家点评《西游记》的说法，现在我也咀嚼出不同的味道。

人的性格、欲望、人心，实际上永远变不了的。所以，唐僧会一次次走出孙悟空给他划的神通广大的圈子，猪八戒会一次次被色欲所引诱，犯着同样的错误，吃无数次堑，往往长不了一智。

除了人心不变之外，吴承恩也看到变的部分，只是变的这一部分是不经意地藏在一个个类似的小圆当中，显得并不明显。

试举一例。孙悟空刚开始保唐僧除妖，"三打白骨精"时，是直接抡起金箍棒就打，简单粗暴。屡次碰壁之后，孙悟空也变得稳重了。过平顶山，银角大王摇身一变，变成一个受伤的道者，唐僧叫孙悟空来驮，孙悟空明知是妖，还连声答应道："我驮我驮！"这和"三打白骨精"时判若两人，他知道，和唐僧解释是没有用的；到后来遇红孩儿之时，红孩儿喊"救命"

引诱唐僧，孙悟空就对唐僧说："我晓得，莫管闲事，且走路。"孙悟空终于明白，取经路上的妖是打不完的，能躲还是躲吧，这碗水，深得很。

"同是个中人"
《聊斋》里的武艺

一

《聊斋》五百篇,有几篇是写武艺的,很是好看。

《武技》篇说的是,有一个名唤李超,字魁五的山东人,豪爽好施,曾接待了一位托钵僧人,"饱啖之"。僧人很感激,说自己出自少林,有薄技相授。李超很开心,旦夕从学三个月,"艺颇精,意甚得。"

僧人问:"武艺有进步吗?"

李超答:"进步很大,老师会的,我都学会了。"

僧人笑着让李超试武艺。李超解衣唾手,如猿飞,如鸟落,腾跃移时,诩诩然交叉而立,很是得意。僧人提议用角力判高下,李超欣然同意。两人手臂相交,"支撑格拒"。李超时不时想找出僧人的破绽,哪里想到僧人忽然飞出一脚,把李超仰面跌出一丈之外。

僧人抚掌说:"你还没有完全学到我的本领。"

李超用掌击地，惭愧沮丧，向僧人请教。又过了几日，僧人离去。

从此之后，李超开始以武艺扬名，邀游南北，竟无敌手。一日来到历下，见一少年尼姑在卖艺，观者如堵。

少年尼姑对众人道："颠来倒去就我一人，也太冷落，有兴趣的朋友不妨下来玩玩。"如此说了三遍。

站在人群之中的李超难免技痒，很神气地走进场中。刚一交手，少年尼姑就喊停了，认出李超使用少林技法，问老师是哪位。李超说，是一位僧人。

少年尼姑道："莫非是憨和尚？如果是这样，不用比了，我甘拜下风。"

李超请求了四次，少年尼姑都说不可。众人怂恿。

少年尼姑这才说："既然你是憨和尚的弟子，我们同是个中人，无妨一试，但是只要两人意会就好了。"

李超认为少年尼姑文弱，有些看不起她，又加上自己年轻好胜，一心想打败少年尼姑，好夺取名声。不相上下之际，少年尼姑却突然停了下来。李超问何故？少年尼姑笑而不答。李超以为她胆怯，坚决要求她再比试，少年尼姑答应了。这时，李超飞起一脚，少年尼姑并拢五指，掌削李超大腿。李超感觉膝下如中刀斧，跌倒在地不能起来。少年尼姑笑着道歉，连说得罪得罪。

李超被人抬回去休养了一个多月才痊愈。一年之后，僧人又来了，李超向他说起这段往事。僧人大惊："你真是鲁莽，你招惹她干什么，幸亏你事先告诉她我的名字，要不然，你的腿早就断了。"

我觉得故事到"要不然，你的腿早就断了"这句，就可以戛然而止，非常精彩了，再写什么王阮亭云云，就是败笔，狗尾续貂。[1]

二

蒲松龄构建了一个在海面上移动的"庄严宏伟"的冰山，明写了一个嘲讽的故事，暗写了一个隐秘的江湖，而隐匿在水面之下的八分之七，凶险非常。

李超，字魁五（音魁梧），从名字上看，就带嘲讽。这是一个不知天高地厚、江湖凶险的年轻人。不过古人习武，比今人刻苦，苦练三个月，是可以学好一套好拳，练成漂亮身手，所以李超"艺颇精，意甚得"。习武到这个阶段，往往也是最危险：自我感觉良好，容易生骄傲之心，会跃跃欲试，总想找个人试试，检验所学。

1　原文文末还附一句："王阮亭云：'此尼亦殊踪迹不可测。'"

僧人提议用来一决高下的角力，打法很像中国式摔跤，也像流传我的故乡温州的"擣(dǎo)马"。"擣"字，颇为古老，《说文解字》曰："手推也。"组词"擣虚"，"乘虚进击"意，在古代是常用词组。陈亮在《酌古论·崔浩》里潇洒地写道："临机之际或因吾言而能有所决，则举一国犹擣虚耳。"《武技》中的李超"时时蹈僧瑕"，很符合"擣"字的真意。

流传温州的"擣马"，要两个人马步面对面站好，也可以是一人箭马，一人四平马，那个采用相对更为省力箭马的人，在第一步就输了一半；手臂相交（即《武技》中所说的"各交臂作势"），为显示公平，两人都是一只手掌抓住对方上臂，另一手掌托住对方手肘部位，"阴阳交错"；然后用马步支撑，听劲，用技巧和力量，抵抗格斗（即《武技》中所说的"支撑格拒"），谁先让对方移动脚跟，就算谁赢。

面对"时时蹈僧瑕"的李超，僧人应该是岿然不动。在温州"擣马"之中也是如此，那个贸然出击、屡屡发动进攻的人，到最后往往会输。

《武技》写到此处，酷似温州"擣马"，只是温州"擣马"不可起脚。顺便说一句，据我所知，在中国诸多门派之中，很少看到类似温州"擣马"的比试。温州，东南边陲，却由于种种历史原因，保留下了古武术的基因，想想也是一件挺有意思的事情，可谓"礼失求诸野"吧。

由于交流沟通的需要，武术会慢慢发展出一些文雅的比试方法，比如太极推手，温州"擤马"。武林中人见面，喝完盖碗茶，说起身比划比划吧，总不能一上来就打个头破血流，你死我活，那样的局面不好看，也有辱斯文，那就来个文雅的比试，比如推个手，擤个马，点到为止，是谓"文斗"。

我以武人之心度僧人之腹，僧人使用类似温州"擤马"的文雅角力打败李超，是想给不知天高地厚的徒弟一个教训。李超虚心请教几日之后，僧人辞去了。为什么辞去，蒲松龄没说，也许僧人最终发现李超还是心性未定。

李超看到少年尼姑在卖艺，观者如堵，还"以其文弱，颇易之"，也是轻浮得很。王家卫电影《一代宗师》对武学考证颇为严谨，电影里宫二挑战叶问，王家卫让旁人说出此事的凶险，"一个女子在金楼摆下霸王夜宴，就是让你非出来不可。""别看她是个女的，武行四大忌，和尚、道士、女人、小孩。"

《水浒传》里"菜园子"张青告诫孙二娘，有三种人"不可坏他"，第一种就是"云游僧道"，张青场面上的理由是，这种人"不曾受用过分了，又是出家人"，做了不忍，其真实顾虑是云游僧道，大多深不可测，不好招惹。

深谙此道的人知道，一个站在垓心、面不改色的女人，更别说是少年尼姑，一定深不可测，武功一定奇高。相对来说，那些膀大腰圆、肌肉横生的人，反而不怎么危险。

少年尼姑对众人道:"颠来倒去就我一人,也太冷落,有兴趣的朋友不妨下来玩玩。"如此说了三遍。这时,如果有人走出人群,最有可能的是两种人:要么是好事的流氓,如《水浒传》里的牛二之流,要么就是来拆台的江湖中人。不管是哪种人,少年尼姑都会凶猛面对。"出拳不留情,留情不出拳。"江湖混饭不容易,你不知道对手深浅,是何居心。

少年尼姑和李超刚一交手,就明白他的来历,马上停手认输。少年尼姑可能觉得,两人比试,输赢都不好看,那就索性自己先让步吧。这种大让步的局面,在江湖之中很少见。从表面上读来,是小说之中的又一大"奇",一大悬念;从深处读来,可以看出少年尼姑的懂行、大度。

无奈事情又出乎少年尼姑预料。这边厢,李超不知深浅,那边厢,众人怂恿,少年尼姑不得不再次出手。此时的少年尼姑还是想给双方留点情面,提议"两相会意可耳"——点到为止,输赢双方心知肚明就可以了。

最理想的点到为止,例如,在定步推手时,一人的脚后跟已经移动,或者在比划当中一人已经"失势",那就是已经输了,这时如果"两相会意",双方会同时停手,输的一方说声"佩服佩服",赢的一方说声"承让承让",然后一起坐下来喝盖碗茶,如鱼饮水,冷暖自知,不失"文斗"体面。

不过呢,在比武时常常会碰到"不明就里"的对手,用少年尼姑的话说，不是"个中人"，这就很难做到点到为止。因为对方其实不知道自己在"文斗"层面上已经输了。

> 方颉顽间，尼即遽止，李问其故，但笑不言，李以为怯，固请再角。尼乃起。

在不相上下之际，少年尼姑突然停手，这其实是李超的视角，是李超自己以为的"不相上下之际"；少年尼姑突然停手，是她看到李超已经败了，李超自己却还不知道；李超问何故，少年尼姑笑而不答，个中道理，不好明说，明说就没意思了，所以，只好笑而不答。

李超以为少年尼姑胆怯。自视过高的人，一听到对方谦让，总会以为是胆怯，这也是人之常情。《水浒传》里武功盖世的林冲刺配途中经过柴进庄园，柴进希望林冲能和庄上的洪教头比划比划，林冲谦让了一番："小人却是不敢。"洪教头一听这句，也认为是林冲"必是不会，心中先怯了"。

李超坚决要求少年尼姑再比试。此时，她再出手就不留情面，起杀心了。

> 少间，李腾一踝去，尼骈五指下削其股，李觉膝下如中刀斧，蹶仆不能起。

细看李超出招的路数，正是之前僧人用来打败他的那一招，只是，再厉害的招数，也有破解之术。少年尼姑用掌下切李超大腿，李超顿时感觉如中刀斧，跌倒在地不能起来。下切掌，也是温州南拳中的常用招式。少年尼姑最后只是剁大腿，其实还是给李超留了情面。

三

《妖术》篇说的是，崇祯年间有一个姓于的人，少任侠，殿试在都，仆人生病不起，听说市集上有一个卜卦的人很厉害，能决人生死，就去问他。

于公还没开口，卜者就问："你是来问仆人的病吧？"

于公骇应之。

卜者说："仆人没事，你倒是有危险！"

于公就坐下来，让卜者给自己算算。

卜者起卦，愕然道："君三日当死！"

于公惊诧良久。

卜者从容曰："鄙人有小术，只要十金，保证化险为夷。"

于公却觉得，既然生死已定，道术岂能化解？不应而起，准备出门。

卜者劝道："如果爱惜这点小钱，你会后悔的。"

围观的人以为于公吓傻了，劝他把口袋里的钱全部拿出来去哀求卜者。于公不听，还是出门而去。

三天期限很快就到，当晚，于公端坐旅舍，闭户挑灯，倚剑而待，静观其变。等到一更天，没什么动静，于公刚准备去睡，突然听到窗隙窣窣有声，见有一小人持戈而入，一碰到地面，就变成真人大小。于公疾斫之，应手而倒，挑灯一看，是一纸人，腰已断。

于公不敢卧，又坐而待之。过了一会儿，见一物穿窗而入，怪狞如鬼，才及地——这一次于公学乖了，不等它变大——急击之，又断为两段。于公怕它还会再起来，又连击之，剑剑皆中，放心之后审视，发现是土偶。

于公于是移坐窗下，盯着窗户缝隙。又过了一会儿，听到窗外有声音如牛喘，有物推窗户，房壁震摇，其势欲倾。于公心想，不如出而斗之。

于公冲出房门，在昏暗的月光之下，见一巨鬼，高与檐齐，面如黑炭，眼闪黄光，手里拿着弓，腰里插着箭，箭已上弦，这时，于公才感到害怕。

巨鬼射箭，于公用剑拨落。于公刚想出击，巨鬼的箭又已上弦，于公只得马上跳跃避开，箭射穿墙壁，戓戓有声。

巨鬼很是愤怒，拔出佩刀，挥舞如风，力劈于公。于公猱进——像猴子一样轻捷地跃进——巨鬼的刀劈中庭院石头，石断两截，于公从巨鬼腿间而过，乘机削中巨鬼脚踝，铿然有声。

巨鬼更是愤怒，吼声如雷，转身剁向于公，于公又伏身进入。巨鬼刀落，割断于公下身所穿裳。这时于公已经欺身到巨鬼肋下，猛斫之，铿然有声。巨鬼仆而僵，于公乱击之。于公放心之后审视，见是一高大如人的木偶。

于公秉烛待旦，这才醒悟过来，这些鬼物都是卜者差遣而来，卜者要置他于死地，以证明卜卦的灵验。随后，于公去市集抓住卜者，交给官吏杀之。

四

不管是从武艺角度，还是从小说逻辑角度，《妖术》篇每一个细节都经得起推敲、分析。

《妖术》篇可以截成两段来解读，上半段是"骗术"，下半段是"武艺"。

卜者一见于公，马上就能说出于公欲问之事，让于公很是惊讶。在江湖里，有一个专门的术语，叫"把簧"（用眼睛看出人的底细）。[1] 连阔如先生在他那本很有趣的《江湖丛谈》里对此有详细的介绍。

---

[1] 连阔如：《江湖丛谈》，中华书局2016年版，第60页。

连阔如先生知江湖甚深。他说卦摊一般是"尖盘少腥盘多"（尖是指真，腥是指假），真正的"尖盘"百年难得一遇，而假到底的"腥盘"又少有回头客，一般是"腥加尖"（真假相杂）的卦摊，才能玩得转吃得上饭。卜者"把簧"的能力，正是其基本功。

连阔如先生举例：一个五十岁里外的老太太来卜卦，卜者会先看她穿什么衣服，什么长相，面貌上的形容喜乐悲欢，就能不用问她，将老太太的事预先知道了。如这老太太描眉打鬓，穿得鲜艳，就可以明白，她那么大年纪，土埋半截了，还这样修饰，一定是"老妇改嫁"。

江湖里阅人极多，又擅长察言观色的卜者，其实就是一台建立了庞大数据库、高速运转的计算机，根据尽可能多的信息，得出来八九不离十的结论。以《妖术》篇为例，卜者根据于公的穿着、口音和长相，猜出于公是殿试在都的考生，仆人又不在身边，那应该就是替仆人来问，最大的可能性是仆人生病。卜者就能做出高深状，缓缓地说道："君莫欲问仆病乎？"

再者，于公是以殿试在都考生的身份住在旅舍，仆人又生病不起，可谓插杆立于明处，非常醒目，江湖险恶，不排除卜者有眼线掌握于公信息，再引于公入瓮。于公也是听说市集上有个卜卦很厉害的人，能决人生死。那又是何人告诉于公的呢？

卜者一开口，已经让不明就里的于公很是惊骇。江湖里，这也有专门的术语，叫"拴马桩儿"（用话留你，让你走不开）。江湖里坑蒙拐骗这碗饭不好吃，卜者只能先用话把于公拴住，再慢慢下套。

没想到的是，于公是一个极其勇敢豁达的人，对于卜者的警告恐吓，他并不在意，这倒是出乎卜者意料。勇敢，不惧鬼狐，是蒲松龄笔下主角共性。于公的反应基本是惊讶，只有刚见到巨鬼那一下，才感到害怕，不过很快就恢复镇定，投入决斗。

行文至此，可以看做是"骗术"部分。

下半段的"武艺"部分，于公每一次的应对都极其惊险。

巨鬼先发制人，射出第一箭，被于公拨落。于公固然剑法高超，但是，他也知道，再次拨箭，凶险非常，他不能再让巨鬼有射箭的机会，就一再猱进。《拳谱》有云："不招不架，就只一下，又躲又架，不只百下。"在实战之中，要迎头进去，退是退不得的。于公深谙武艺之道。

巨鬼弃弓拔刀之后，于公从巨鬼两腿间滑过避开，顺势击中巨鬼脚踝。这一招很"魔幻现实主义"，因为在现实的打斗之中很难使用。蒲松龄描写于公这一招，其实是为了突出巨鬼的高大。

此时，于公已欺身到巨鬼肋下，猛斫之——这是《妖术》篇，甚至是整部《聊斋》写打斗最精妙的一处。在实战之中，肋部是重点保护区域,正所谓"软肋"是也。有经验的师父会一再告诫徒弟要时刻做到"沉肩坠肘、肘保肋"。巨鬼的肋下正是破绽所在,只要把握好机会,可一击必杀,险中求胜。

五

蒲松龄说自己虽没有干宝那样的才学,却也像干宝一样,很喜欢搜集神怪故事。他性情似苏东坡,喜欢听人讲鬼故事,一听到好的鬼故事,就会写下来,时间久了之后,四方同人都会给他寄故事,他的积累也就越来越多。

邹弢在《三借庐笔谈》里写道,传说蒲松龄先生住在乡下,给村中孩子当私塾老师,落魄无伴,家中贫穷,却不求于人。他性格特别怪僻,创作《聊斋》这本书时,每天清晨拿着一张芦衬,一个装着苦茶的大罐子,一包烟草,坐在大路旁,一见行人,一定会强留他们和自己谈话,搜罗奇异的故事,渴了给行人喝茶,或者奉上烟,一定让那些行人谈痛快了才可以,每每听说一件好玩的事,回去再用文笔修饰记录下来,就这样过了二十多年,这本书才完成,所以笔法非常绝妙。

鲁迅对蒲松龄强留路人讲奇异故事一事,很不以为然,在多种场合提出驳斥。他在《中国小说史略》里写道:"至于作者搜采异闻,乃设烟茗于门前,邀田夫野老,强之谈说以为粉本,则不过委巷之谈而已。"他又在《小说旧闻钞》中《聊斋志异》条按语指出:"王渔洋欲市《聊斋志异》稿及蒲留仙强执路人使说异闻二事,最为无稽,而世人偏艳传之,可异也。"

鲁迅先生认为,蒲松龄写《聊斋》的素材,多从他的朋友那里听来的,也有许多是从古书尤其是从唐人传奇变化而来。他有意或无意忽视了蒲松龄的亲眼目睹与见证,如描写生动有趣,管中窥探社会万象的《口技》《偷桃》诸篇。在《聊斋》许多篇目之中,蒲松龄是当时大千世界的现场见证人。

《武技》和《妖术》篇是蒲松龄根据自己的见闻得来,还是由朋友那里听来加工而成的?不好说。不过,如此精彩、细节又经得起推敲的故事,应当有其鲜活的原型。

套用王学泰先生的说法,自宋代以后,由于人口的激增,流民群体形成,游民生活空间自然而然构成了一个与主流社会相抗衡的隐形社会。[1]到了明清鼎革之际,"江湖"这个隐形社会日益庞大。江湖中有句行话,三姑六婆最为可怕,"僧道尼姑休来往,在堂前莫叫卖花婆。"哪三姑:尼姑、道姑、卦姑;哪六婆:稳婆、花婆、巫婆、虔婆、药婆、媒婆。[2]男女卜者,也应作如是观。

---

[1] 王学泰:《游民社会与中国文化》(增修版),山西人民出版社 2018 年版,第 12 页。
[2] 连阔如:《江湖丛谈》,中华书局 2016 年版,第 328 页。

在一生致力于科举考试、思想又近佛的落魄书生蒲松龄眼中，隐形社会之中的卜者，既在日常生活之中，又在日常生活之外，有着潜在的不确定性和危险性。正如在他《妖术》篇篇末所云："我曾说过求卦的人是一大痴，世上能有几个决人生死而没有差错的卜者？求卦不准，不如不卜。就算你明白告诉我死期将至，那又该如何呢？何况还有卜者借人命神其术的，这就更加可畏了。"可以想象，蒲松龄碰到的卦摊，多数是"腥盘"。

蒲松龄应该是捕捉到了一场"腥盘"的骗局和一场对阵者身高悬殊的打斗，再把两个故事合二为一，才写下了这个险恶的江湖故事。

六

正如鲁迅先生所说，蒲松龄写《聊斋》的素材，许多是从古书尤其是从唐人传奇变化而来。《聊斋》中的名篇《侠女》，正是取材唐人传奇。

唐朝，这个侠女报父仇的故事流传甚广，见于五种记载：李端言的《传》（今已佚），崔蠡的《义激》，李肇的《唐国史补》，薛用弱的《集异记》，皇甫氏的《原化记》。

故事大同小异，说的是唐代贞元末、元和初有一位来历不明的奇女子，嫁给寻常人家。有一晚忽然不见，天亮前归来，颜色甚喜，若有得者，丈夫诘问，就举起一个皮袋子，说，里面是仇人的头，之前和此人有杀父之仇，今日终于得报。丈夫惊恐。女子笑道，就此别过，放心，事情机密，不会连累你。说完，女子离去，出门如风，身如飞鸟，武功极高。等丈夫还没缓过神来，女子飞身又回，说，孩子还小，喂最后一次奶再走吧。少顷，丈夫掌灯来看，孩子已身首异处。

如此惊心动魄的故事，着实让人着迷，也打动了数百年之后的蒲松龄。他据此改写的名篇《侠女》也很好看，有古风，有唐人传奇的味道。

《侠女》的具体情节，众所周知，不再赘述，只有一处值得关注。蒲松龄在文中将唐人五种记载里一再保留的"杀子"以绝其念这一暗黑情节，改写为更为光明的"赠子"以报落魄书生。蒲松龄在文中还增设了侠女老母亲这一角色，儿子在侠女老母亲去世之后再出生，有着浓浓天道轮回、生生不息的意味。这也是蒲松龄看世界的角度。不过在我看来，蒲松龄在此处的修改，恰恰证明了他对真正侠义精神的隔膜。

何以这么说？侠义之士所作所为，有自己独特的规则，这种规则存在于他们自洽的世界，或者说"隐形社会"之中，除此之外的社会常规、人之常情，从理论上说，都可以弃之不顾。如唐人传奇之中，为报父仇的侠女，母子之情可以不顾。这是多么有戏剧冲突的一个情节,足以让莎翁目瞪口呆。

据说,梁启超曾云:"侠之大者,为国为民;侠之小者,为友为邻!"前八个字被金庸写入《神雕侠侣》。郭靖让杨过心头牢牢记着"为国为民,侠之大者"这八个字,杨过听得"耸然动容"。"侠之大者",其实是儒家观点,是儒家对侠义的想象与规劝。在真实层面,侠未必这么做。把侠义精神推到极致,就是对现实的冲撞,这韩非子早就有言在先,"侠以武犯禁"。

荡开笔来说,蒲松龄笔下也不是没有杀子的情节,在《细侯》篇中就有。故事说的是,风尘女子细侯结识落魄书生满生,后来造化弄人,与满生断了音讯,不得不嫁给一个富有商人,并生下一儿,细侯重新得知满生消息之后,杀怀中子,奔向满生。

"雄来吾有利剑,雌者尚当开门纳之。"身为江湖局外人的蒲松龄,固然是窥探到了江湖里的凶恶烟波,但对个中道理,如对侠义的理解,也存在偏差,不是江湖"个中人"。不过他对人生命运的愤懑书写,着实让人不寒而栗。

语录篇

旧时武林二三事
瞿夫子演武录

瞿夫子论武,常有精彩之语。窃以为,这些精彩之语,就如此消散于空中,甚为可惜,就特意记下瞿夫子武学言行,求教方家。题目为"演武"而非"谈武",是指非纸上谈兵,而常有演示之意。

一、旧时武林

仿佛一个久远的故事,旧时武林里头有许多值得回味的掌故。它当然已经整体远去了,但是还有不少气韵保留在当今习武之人身上。

连阔如在《江湖丛谈》里提到,他曾误入某院,见有一老年人教好些人练功夫,所练的并不是拳脚,而是蹿高纵远、滚背爬坡的功夫,所练的家伙都不带响动的。有好几个人,能够撒腿跑着往墙上一蹿,倒背着身子,后背靠墙根离地,能把人粘在墙上一样。那种功夫,据说名叫"粘糖人",清末的名武丑儿张黑唱《大卖艺》，就有这种本事。由台帘跑出来，身子悬在台柱子上，平市五六十岁的人差不多的都见过。还有能把身子悬在房檐底下，手脚抓住房椽子，就能悬好大时候。

连阔如误入某院，看到的其实是飞贼在练功，练的是轻功。在武林之中，确实有轻功的说法。

以下所言，皆为瞿夫子漫言，余随笔记之。

据说温州"道士旺"功夫深不可测，力大无穷，曾有人见他噌噌如壁虎上墙，飞檐走壁而去。旧时墙壁，都是土墙，不如现在光滑，力大无穷的人把双手练出章鱼吸盘一样，练出指力，再掌握了技巧，据说确实能轻功。

有一种练指力的方法，用手指吊住吊环做引体向上，手指头再依次递减，五根，四根，三根，两根，最后练到一根。

夫子的师父曾告诉他，旧时有一种轻功的练习方法是，背贴墙，以左右肩胛骨当手，交替往上爬，假以时日，据说双脚能腾空。现在，练这种功夫的人，已经很少了。

"无影脚"，是指旧时人穿长衫，在长衫中，右腿已起，左脚站立，外表是看不出来。可以瞬间出腿，是谓无影。练这种腿法，要把抬起的腿尽量向里靠近身体，长年累月下来，也有人把腿练坏的。

旧时，确有蒙眼睛听声的练法。一般是师父喂招，先喊口号，直拳！横拳！蒙眼的徒弟听口号，化解格挡，细微地体会不同招式声音、气息的不同。精进之后，师父会不再喊口号，直接喂招。

旧时拳师收徒，是有选择的，文气、体弱者不收，而是收强壮者、勇猛者，这样的人学拳之后，出去打架，才不会给自己倒霉。但是呢，强壮者，往往会有恃无恐，不贵其所学，而体弱者，往往能吃得下苦，再渐进，从中体会到甜头，能持之以恒，终成一代宗师，如霍元甲。如此收徒，其实是矛盾。在当下，当然是任何种类的人都可收为徒弟。文弱者，学成强壮；胆怯者，学成勇敢；鲁莽者，学成有所守。

温州南拳之中保留了古老的东西。从套路开始，先是拱手，拱手是左手立掌右手握拳，掌覆于拳上，意思是包住攻击手，无害之意，等同于作揖。如此拱手，也称日月拱，是反清复明时留下的暗语。在表演拳术时，表演者做拱手，众人都要起立拱手回礼。表演者马上分手如托斗，众人落座。托斗，也是请坐的意思。

在实战中，与人争斗，必先拱手，以示礼让，对方如不知进退，拱手也变打手，直接打进对方。

旧时江湖险恶。

曾有两位武师，在饭局上发生争执，一名武师在向另一名武师敬酒时，手中藏有一支筷子，在敬酒时乘对方不备，把筷子打进对方肚子。

也有一位温州武师，善舞双锏，双锏舞起来，滴水不进，平时锏不离身，如三国典韦，旁人奈何他不得。后来仇家设计，买通他身边一位朋友，向他借走双锏。当日，他在酒馆吃饭，仇家早已集结了一班人，进酒馆就把那武师捅死在乱刀之下。其父得知儿子之死，叹道："儿子死，不可惜，可惜了那套锏法从此失传。"

也有一位温州武师，武艺超群，旁人不能近。也是仇家设局，在三道铁门之内设宴，他不畏惧，也去了，一一过了三道门，最后在宴席上打起来了，他又一一打出门来，打到最后一道门时，力竭，不敌而死。

旧时，潘师父以棒法闻名温州，有一次他和弟子去另一拳坛拜访一位拳师。那位拳师对潘师父弟子说，你的师父以棒法知名，你也学棒多时，敢不敢和你师父比划比划？

潘师父的弟子说，可以。

潘师父无奈，也只能拿起一条棒子。因为在这种场合，潘师父不得不出手，这不单单是颜面问题，还有性命之忧。

潘师父的弟子先出棒，一个挑。挑，是棒法中最刁钻、最毒辣、最难防的一招，潘师父的弟子棒还没打到，潘师父的棒先到了。潘师父的弟子被打飞，重重摔在地上，重伤住院数月。

旧时，也确实会碰到弟子向师父挑战，所以师父也会留几招绝活不教，以防万一，犹如民间故事里，猫不教老虎爬树。

徒弟先要除去对师父的敬畏心，方可与师父交战。此时，师徒俩都不会手下留情。刚一交手，师父一"变脸"，以从来没有过的凶相以对，刹那间唤起徒弟心中的恐惧。师父一变脸，拳也跟着到了，"啪"的一声，徒弟就被打出门外了。

二、 习武关隘

谈到"变脸"，我不是很明白，就追问瞿夫子，什么是"变脸"？我们就先从武人的"相"说起。

徐皓峰在《武人琴音》中也说，武人文相，因为（旧时武人）大部分时间不是处理武林纠纷，是处理民事纠纷，带职业特征，笑眼眯眯，见了他的脸，人就消了三分火气。这也是"武人文相"的一种解释。

武人文相，如果你们碰到的对手是文相，那就要小心。

传统武术中的变脸，是在极其凶险之时，脸突然露杀气，金刚怒目，令人惊恐，或可不战而屈人之兵。

变脸，在套路中就是亮相，多数人不明白这一短暂的停顿是何意。有人说是为了漂亮，其实是错了。关羽抚髯，目露凶光，就是杀人之际。目光所及，就是白刃同步到达的意思。

徐皓峰在《武人琴音》中提到：曾有一名老者高手向尚云祥挑战，俩人在院子里势均力敌，尚云祥就把徒弟赶出院子，邀老者高手进屋闭门比试，韩伯言寻到条窗缝偷看。

老者高手坐等着，尚云祥在给家里供的达摩像上香，一上香，一扬脸，惊了屋外的韩伯言，"尚云祥五官变了"。韩伯言晚年对孙子韩瑜讲述，仍有余悸，说："瞅着就不是师父了。是谁呀。"

风驰电掣几招，尚云祥赢了。尚云祥向外喊韩伯言，要他带其他徒弟进屋。原来知道韩伯言在外偷看。

等韩伯言带着人进屋，"尚云祥脸变回来了"，老者高手也没事了，俩人有说有笑，叫徒弟进来，给长辈行礼，这是对老者的尊重。

说完上述这段故事，瞿夫子从椅子上起来说："来，给你变个把戏。"他在离我很近的距离，突然转过脸，双目圆睁，口中发出短促雷音，宛如猛兽扑面。我寒毛直竖，一阵胆寒。瞿夫子哈哈大笑："这就是变脸。"

拳不能只有硬。打硬，当然算打得好，也是很难的，所谓金刚怒目，罗汉扣步。但还是不够的，老一辈拳师都会告诫，拳要打韧，像捣臼里刚捣好的年糕一样，拳也要打松掉，要有松有紧，有刚有柔。

拳要打松，打柔，还要打泛。这里的"泛"，不是"泛泛而谈"的"泛"意，而是如波浪泛起的"泛"意。《水浒传》里提到，鲁智深的浑铁禅杖使得"活泛"。这个词用得好。

曾有一徒弟与师父学拳，前几拳打得非常用力，如程咬金抢斧，三板斧刷刷刷先砍，打得后面，就没力气了，功夫也一直没什么长进，徒弟不得其解。有一天，师父的师兄来访，说："你那徒弟拳打得怎么这么费劲，要松掉。"师父对其师兄悄悄地说："如果他的拳松掉，练好就能上阵了。"徒弟听到师伯这一句，恍然大悟，把拳打松掉，感觉力量无穷而来。

拳要打正，不是说打拳追求"端正"，而是指拳要打得正确。正确，有两层含义，第一是动作、形要正确，第二是意要正确。

以形意拳为例，薛颠是有名的"身上漂亮"，他的"身上漂亮"，就是拳打得正。拳打得正的关隘是，下盘要稳（即所谓龙蹲虎坐），做到沉肩坠肘，含胸拔背。沉肩坠肘和拔背做到了，胸自然就能微微地含。有人太刻意强调含胸，为了含胸而含胸，就错了，过犹不及。

意，也包含多种含义，首先，练拳时，时刻要有假想敌，其次，你要明白出拳的意思，比如出横拳，身体有横劲。

初学者要想把拳打正，先要把拳松掉。把拳打松，是为了拳能打正，动作不变形。所以，有经验的师父看徒弟打拳，常常会在耳边告诫："把拳松掉，把拳松掉。"

太极拳里有句行话叫"用意不用力"，是强调意的正确，是在全身放松的前提下，体验力的运行，不是说真的不用一点力。太极拳在实战时如果不用力，那如何打人？人家一个掤，你不用力，就进来了，该如何招架？

放松、拳打正确，慢慢体会，假以时日，再加一把力进去，这样发出的就是整劲。就像一个手枪终于组装完成，可以发射子弹了。

拳师功夫好不好，看转身。拳怕少壮，棒怕老来浪（辣）。用温州话读，"浪""辣"两字皆通。打棒看棒头。

拳打不知，意思是说要在对方不知情、没有防备的情况下出手，如果对方已经做好防备，再出手就很难了。

因为拳打不知，所以学拳要学备。备就是防备。

传统武术中的器械套路，起势时，都有一个亮兵器的动作，你可以把它理解为"请"的动作，就像茶道中温杯，屈原诗歌中的请神，都是包藏敬畏心的仪式动作。

习兵器时，就算兵器是没开锋的，也是要当有锋来习。武器有锋，可轻取人性命，所以才要有敬畏。同样的，习完之后，是收兵器的仪式动作，也像茶道结束时的整理动作，屈原诗歌中的送神。

我们的兵器，基本上是没开锋的，是为了安全的考虑。可是，研习没开锋的兵器长久之后，也会出现一个问题，那就是会完全忽视"锋"的存在。

完全忽视"锋"的存在之后，很多动作会打变形、打错。有人以剑绕脖，在背后舞花。绕脖和在背后舞花的，只能是刀，因为刀是一边开刃，刀绕脖和背后舞花时，要做到刀背贴身，刀锋朝外。如果剑绕脖，就是无异于自己抹脖子；在背后舞花，岂不是皮开肉绽了？

我们说刀法和棍法相通，是指劈砍之类的动作，但是刀棍毕竟有别，刀开刃棍无刃，刀法中有撩的动作，棍就不能撩，只能挑。

震脚有何用？有两个故事。

当年杨澄甫在浙江国术馆任教务长时，有午休的习惯。1931年的一天中午，他被吵醒，很生气，披衣出门一看，原来是南拳名师萧聘三在表演黑虎拳，一条青石板，被萧聘三一脚震断，学生们正为之喝彩。杨澄甫就说，这种东西有什么用？萧聘三不服气，俩人文斗，杨澄甫让萧聘三先打他肚子三拳。萧聘三使劲全力，一拳打在杨澄甫腹部，杨澄甫脸上露出了痛苦的状态。萧聘三打第二拳后，杨澄甫嘴里有血腥味。萧聘三打出第三拳后，杨澄甫右手紧捂肚皮，左手一掌飞出，击在萧聘三的心窝处。萧聘三顿时倒在了2米开外处，口吐鲜血。不久就传来萧聘三逝世的消息。而杨澄甫也于1936年病逝。

还有一个故事，一位南拳师父曾对瞿夫子讲：震脚要少用，会伤到自己，不少南拳师父，老了之后腿确实不好了。听了这一句，瞿夫子只是笑笑。

注意观察大炮发射，瞬间有一个向前的力，和一个向下的后坐力。在强大后坐力的作用下，大炮底座会猛地震动一下，这种强大的后坐力，被轴承化解，就变成松的震。传统武术中的震脚，也是同样的道理，震脚的目的是为了发劲，把力传递出去，正确的震脚发劲，要做到"松"震、瞬间、同步（在震脚的同时，整劲同时传递出去）。

有些南拳师父，单纯为了追求效果，在表演时为了震脚而震脚，这种方法是不对的。震脚的方法不对，就会伤到自己。

有人说在陈家沟见人打拳，在黄土地上震脚，尘土飞扬，皆因当地是黄土地。换了在城市的水泥硬地，便会把脚跟震伤。

其实震脚是不管软地还是硬地的，主要在于方法是否得当。

杨氏太极拳套路里没有震脚，而形意、八极里有震脚，可见震脚里头，还是有东西的。杨澄甫说震脚没用，那是气话（如果那个故事是真的）。

流传温州的易筋经，收功时也有一个震脚动作，身体前俯，双臂向下方伸出，双手手指相交，往下压手掌，双脚跟抬起，以脚尖站立，目视前方，意念在肾部，腰放松，然后双脚跟同时落地，震脚数次。关隘在腰放松，震脚才能做到不伤及身体。

八段锦中，也有类似的震脚动作。有人练到这里时，改震脚为轻落脚后跟，他以为震脚会伤及身体，其实是不明白放松的关隘。

日本剑道中也有一震足（也叫踏足）动作，如轻松跨过一个水沟，然后清脆的"啪"的一声，其实是自然产生的作用。对于新手来说，很容易会为了那清脆的一声响而去刻意踩地板，这样产生的声音反而更有可能使脚部受伤。和中国传统武术同理，为了震足而震足，是不可取的。

在日本剑道中，做到正确的震足，前提也是放松。有经验的剑道老师打过一个比方，当你拍手的时候，两手掌放松拍，声音清脆响亮，而当你将手掌绷紧僵硬的时候，再拍在一起，声音就不那么脆了。当你做出正确的震足之后，就会感受到身体爆发力在剑道中的体现——速度提升，切感更加明显。这和中国传统功夫震脚发劲有相似之处。

要注意丹田的练习。形意拳拳谱有云："丹田练就无价宝，万两黄金不与人。"

瞿夫子研习的五行连环拳，有一招是抱拳打进自己丹田处。这一是练习排打，打进来时候要往外呼气，气沉丹田；还有一层意思是练习丹田，习武之人的丹田就像一个火炉，这一招是给炉子里加一把柴火。

气沉丹田，气沉到底时，小腹要往里一抽。好比泵阀活塞打到底之时，有一个往回收的惯性，只有一点点幅度；也好比金属热处理工艺之中"淬火"之后的"回火"。气沉丹田时，如果没有这一下，整个人就松了，就没用了。这是秘诀。

范亚夫[1]传太极拳时，强调"掤[2]捋挤按，折叠往复"这八个字。后四个字，就有"回火"的意思。

宗师们创拳，拳法中保留"不说的关隘"，都是杀人技。

---

[1] 杨氏太极拳传人，旧时在温州教拳，瞿夫子的师公。
[2] 在拳法上发音为péng。在字义上，其实应该是"弸"更正确，但"掤"沿用至今，成为俗成的一个字。

宗师有言，不可改拳，就算有不明白处，照样传下去就是了。拳，其实是在等一个人，能领悟多少，就看每一个人的造化。所以，不可改拳。

范亚夫传四象拳给金抗火，金抗火传瞿夫子。四象拳熔形意、八卦、太极、少林于一炉。瞿夫子对上述各拳都有研习，颇能领会该拳真意。比如，有一动作是走带脉，再带动手，只从手上动作去猜测，就是离题万里了。金师父也传拳于一女弟子。该女弟子不能参悟，凡觉不合理处，实为她不明白处，就只管改了。金师父很生气。

拳不可改，但是可以丰富。

从上一辈处学到一路拳，第一步是理解，明白每一招的含义；第二步才是阐释、丰富。死板的学生如抄佛经，一成不变，恭敬心可敬，但是没有发展；差的学生是胡乱阐释，如某些人解读《论语》，不可谓没有阐释，只是离道遥远；合格的学生是去丰富它、阐述它，这并非是创一路拳。

旧时拳师保守，所以东西就越传越少。

真正的搏杀实战，只在一回合间见输赢，没有那么多"花"。《拳谱》有云：不招不架，就只一下，又躲又架，不只百下。这里的"百下"，是指被人连续攻击。

关起门来，入室弟子听到的教诲，非常直接、简单，一点都不神秘，但是非常实用。以写文章打比方，最好的写作修炼就是记笔记，瞿夫子说，如此告诉一个文艺青年，他也许会大失所望。秘诀就是这样？

就是这样。

"十年开一宗""十年不出门"，是说杨露禅的经历。杨露禅早年在陈长兴门下习练三年，外出比武，输，再回陈家沟习武三年，又外出比武，又输，如此者三，等于是九年了，等到第十年，外出比武，终于赢了。姑且不说这段故事真假。

实际上，现在的人习太极拳，即使习一辈子，出门也是输，为什么？因为现在流传的许多太极拳已经改变，健身为主，没有技击的功能，说太极理论的书籍，浩如烟海，那只是理论，这些理论能否真正指导实战技击，很难说。那不就是练了一辈子出门还是输吗？

以杨氏太极拳为例，杨露禅十年学艺，是关起门来学艺，其中的关隘，也就是实战技击的训练方法，并不为外人所知。在杨露禅这一代，还是真正有东西传给弟子。杨班侯对他的父亲杨露禅说，你都把绝学告诉别人了，那别人学得比杨家好，可如何是好，就把杨露禅送回老家永年县，杨班侯就"藏起"关隘教太极拳。杨氏太极，真正失去技击功能要从杨露禅之子杨班侯算起。

研习武术的心得体会，其实只是一种感觉。对方如果没有达到这层体验，就很难解释清楚。有人说，丹田是没有的，你把人解剖开来，找不到丹田所在，可是每一个有心得的习武之人，都能意识到、体会到丹田。

博尔赫斯在描述他遇见的神奇体验时也有类似的描述。他说：这种神奇的体验讲不出来，因为这些体验无法诉诸语言，因为语言毕竟只能描述人所共有的体验。如果你不曾有过这种体验，你就不能产生共鸣——这就像你要谈咖啡的味道，却从未喝过咖啡一样。

三、它山之石

我们在聊武的时候——温州老一辈武人称"讲拳经"——常常会触及相关的书籍、电影。它山之石，可以攻玉。另外，看出它山之石的好来，也是一大乐趣。

打拳时，人要朝南，这个习惯是有讲究的。太阳东升西落，朝南打就不受阳光的干扰，有经验的日本武士在决斗时，也会避开逆光的位置。另外，中国的建筑，大多坐北朝南，朝南打，背后有靠山，身后就没有危险。

《儿女英雄传》作者文康对武林之事很熟悉，他在第六回写僧人斗十三妹，有一句是："只见那瘦子紧了紧腰，转向南边，向着那女子吐了个门户，把左手拢住右拳头，往上一拱，说了声'请'。"这时是夜间厮杀，没有光线优劣问题，这瘦僧人是占了个背后有靠山的地利，也说明十三妹是从院子外面往里打。

"转向南边"四字，瞿夫子说，很懂行。

武人贴身的刀剑，别人是不能碰的。

《儿女英雄传》第八回，安公子从十三妹口中得知两名骡夫想害他，怒不可遏，要借十三妹钢刀去杀两人，说着伸手就拿那刀，十三妹一把按住，问他道："你这又作甚么？这个东西可不是顽儿的。"

瞿夫子记得，旧时温州有一拳师，在公园习完刀之后去吃早点，刀放在身边。边上一好事的年轻人（像杨志卖刀时碰到的牛二），突然拿住武人的刀，说要看看。拳师说，这刀你不能动。年轻人不听劝。拳师刀出鞘，向那人划了一刀，虽然刀没有开锋，对方还是被割开了一道口子。

刀不同于其他兵器，只要出鞘了，表示局面已经谈不拢了，只能和对方拼个你死我活，刀就要饮血。在影视剧里，常常看到有人做威胁状，拔出刀恐吓一番，不见动静，又让刀入鞘。这是不合道理的。

在现代社会，也会碰到有好事者想动武人的刀剑，瞿夫子说，我们一般都是好言相劝，不至于把局面弄得不可收拾。但是其中的道理，我们要知道。

《儿女英雄传》第十七回说：从来"武不善作"。意思是说，论武的事情不能要求讲礼貌，即要出大力的事情不能够文绉绉去做。

可是瞿夫子却曾告诫，习武不能习成一个莽人。习武其实是一件精细的活，尤其要讲礼。如果习成莽夫之勇，用温州俗话说，就成了"晃调羹"。这比"半桶水"还糟糕，调羹里能积累多少水？这不但不能习得好武艺，而且还会惹是生非，不知不觉走入危险的境地。

有一次，我和瞿夫子聊到李小龙，他是我少年时期的偶像。李小龙在《生活的艺术家》里说："功夫是一种精巧的艺术。"功夫，算不算一门艺术？

瞿夫子认为，我们常说的功夫，有三个层面：一是养生，如公园里练太极拳；二是实战，如两人切磋；三是套路，也可称艺术。如有人说，我懂剑法，那就演剑法一路，漂亮、干净。李小龙从形而上来观看功夫，把功夫与"道"等量齐观，当然就是艺术。

李小龙在《生活的艺术家》一书中告诫，走夜路时，要走在灯光下，根据影子判断来人远近。

而瞿夫子的看法是：要走在黑暗里，在黑暗里才是安全的，因为对方同样看不到你。老一辈武人很讲究，走路贴着墙根走，在河堤上走时，要走在里侧。和李小龙是两种不同的角度，也许是不同的生活环境造成的吧。

我问：李小龙在《生活的艺术家》一书中提到截拳道积极进取的心理训练的重要，传统武术有何心理训练的法门？

瞿夫子说，首先是胆气与勇气的练习，在街头打过架的人和没在街头打过架的人，心理状态是不同的，所以，在平时练习时，人要有意识不躲避、不惧怕打过来的拳脚，在师兄弟之间的切磋之中，可以有效地训练这种胆气。另外，就是内修的重要，在打南拳时，做到虎脸藏喉，这一是保护自己的咽喉部位，二也是震慑敌人的训练。

旧时还有一种训练心理的方法，就是特意午夜去荒凉废弃的地方打拳，起初，难免害怕，但是拳一起来，自然就不怕了。过了这个阶段，你的胆气自然就上来了。瞿夫子有一个朋友，早年替人守仓库，深夜感到害怕时，就打一路棍法，自然就不怕了，棍法也精进了。

中国传统武术家重视自身的修炼，藏杀招于动作之中，讲究传承有序，点灯传人，薪火相传。武术，何为目的？何为根本？几步之内能瞬间打败对手，不是中国传统武术要追求的真正目的，那只能是表象。实际上，正是因为中国传统武术凌厉无比，才显得自身修炼、克己复礼和忍让的重要。打个比方，李小龙就像一支射出去没有回头的箭，又像是一台太追求高速运转的计算机，硬件很好，最后系统跟不上，崩溃了。

哲学系辍学的李小龙，有一段关于武学的经典论述。他说："一个好的武术家就像水一样。为什么？因为水是无形的。因此，你抓不住它，也无法用拳头击伤它，所以像水一样柔软灵活吧。清空你的思想。无形无式，如水一般。将水倒入杯中，它变成杯的形状。将水倒入瓶中，它变成瓶的形状。将水倒入茶壶中，它变成茶壶的形状。水可静静流淌，亦可猛烈冲击。像水一样吧，我的朋友！"

不可否认，这段武术论述相当精彩。不过，瞿夫子说，我们又怎么能"清空"杯子里已有的水，这个杯子和杯子里已有的水，正是你的师承。你又怎么能彻底清空咏春这杯水，再倒上截拳道的水？大道泛兮，也许大道不是水，而是那装水的杯子。

徐皓峰在《武人琴音》中提到，比武规矩，没有现来现比的，第一次见面，是征得同意，定下比武时间后再来。否则，你是有备而来，人家可能病着、累了，不公平。我问，温州旧时武林，也是这样的吗？

瞿夫子说：当然，这是一种非常正式的比武方式。旧时武林，有时候没有这么多讲究，不正式的比武情形常有碰到。有一种情形是，有人向你"问武"，就像街头摆下的棋局一样，来问的都是非常凶险的招，比如，问你裸绞解得开解不开，你回答，那试试看，在别人出招的同时出招化解，不能等到被锁住之后再化，那时就已经是非常凶险了。

还有一种情形是，有不怀好意、带艺在身的武人假装来拜师学武，这种别有目的的"拜师"当然是没有诚意的，这在旧时武林也有碰到过。在某一个时机，这个徒弟会试探老师，说，师父，我这一招如何？在徒弟出招时，师父也会明白，这是来挑战的。

另外，旧时温州武林规矩，某个地方请一位拳师来当地教拳，称为"开坛"，当地会摆一桌酒，宴请拳师，酒足饭饱之后，拳师按规矩都要出场显露几手，一般来说，这也是当地武人唯一一次看到拳师显露身手。拳师会打一个套路。这个时候，看热闹的人群之中，可能隐藏着两种人，第一种就是武痴，第二种是不怀好意的人。在拳师打完套路之后，有时这两种人也会出场，说，老师，我有一路拳，打给你看看，也显露身手，这等于是一种文明的比武方式。这个时候，拳师的处境就比较尴尬了，他不得不再下来和那人搭手，两人都是不留情面，如果拳师赢，就表示有资格在当地教拳；如果拳师输，就会在当晚离开当地,意思是吃不了这碗饭。

在这几种情形之下,拳师都不得不出手。

徐皓峰在《武人琴音》里写道:"搭档闭门研究,跟外人比武可以,不跟外人交流心得,自秘其技。"这句话也说得很对。但是这里还分入室弟子和入门弟子,入室弟子从师父处学到的精髓,是不能告诉外人的。越是高妙,一说破,越是简单。

瞿夫子的师父告诫他,出门与人切磋,要"会"输,但是输也要输得有技巧,比如对手做一个他们师门的动作,你不要拼全力抵挡防御,而是有意让对手打进来,让对手赢。这样做的目的是为了问道,为了能学到东西。对方赢了,往往会很得意,你又表现得很谦虚,对方就会把刚才这一招的关隘告诉你。孟子说,人之患在好为人师。

但是与人切磋,也不能老是输。老是输的话,说明你学艺不精。尤其是同门在场,在自己的师父面前,师父的面子会挂不住。所以,瞿夫子的师父又对他说:"(与人切磋)打赢了再告诉我。"打输是你自己在问道,没必要告诉他。

戚继光曾感慨,面对倭寇凌厉的刀法,大明士兵无刀法可用。这也是传统武术面对实战的困惑。是因为脑子里刀法太多了,需要运算的数据太多,身体这台电脑反应不过来。这和中医开药方是同一个道理。

温州旧时有一个名中医,脑子里记着千张药方,门可罗雀,因为一个感冒,供选择的方子太多了,就开不出来了,好不容易开出一张方子,也是非常慢,搭脉搭很久,开出来也会有不准的时候。名中医隔壁有一个同行,脑子里只有十几张方子,开方子很快,生意很好。就是这个道理。你在一千个门上做记号,就找不到你要进的那扇门。回家的路好几条,最便捷的其实只有一条。

四、 自我修养

人立于天地之间,为人处世,都要遵守几条基本的规则。武人同样如此。

万不得已,与人争执,要侧面对人,立于一步之外。这一是避开对方的攻击范围,也可用更广的视野观察对方。

瞿夫子说,这样,对方进步,我退步,又是立于一步之外,是表示退让、认输之意,他再进,我再退。对方心中如有数,这时就会明白,停手,到此为止。这也是中国人的哲学。他如果还不知趣,还进一步,我已无地方可退,不躲不架,上步一击,出手不留情,留情不出手。习武之人会起暴戾之心,所以才要修慈悲心。

温州已故老拳师某公，一般习惯以侧面靠近人。侧面，打击面小，最安全。老拳师又云，当人靠近，感觉有危险，最方便的一招，就是蹲下假装系鞋带，趁机观察。

瞿夫子有一位师父曾言：习武之人，要把自己的身体当成"媛主儿"的身体一样。"媛主儿"是温州方言，少女之意，少女的身体是不轻易让人碰的。老子说，贵其身。习武之人，尤其要爱惜自己的身体。但是呢，如果万不得已，身体被人打进去，也要吃得住、受得了。平时要做好排打训练。

习武之人，要常去师父处走动，要经常把练好的拳打给师父看看，看看拳有没有打变掉。但是切不可在师父面前卖弄，这种事情也有发生，大多是在外面学到几个动作，有点得意，要展示给师父看，也不要去考师父。这都是忌讳的。

瞿夫子有很多位师父，从每位师父那里学到不同的拳，各种拳法互相参悟、参证，颇有心得。去某一个师父那里时，他只打那位师父教的拳。有时候来见师父，师父刚巧不在，会研习一下其他的拳，可是远远看到师父的影子，他马上会停下来。

这是对师父的一种尊重。

习武之人，手里总爱拿点东西，比如雨伞、拐杖之类才会觉得踏实，这是有所凭借。《水浒传》里的高手走远门，会拿一把朴刀或者一条棍子。和尚云游,也会带一条锡杖,振动锡环驱赶野兽。乞丐手里也要拿一条打狗棒,以壮声势。这是什么心理呢?瞿夫子的体会是,习拳越多,越觉得拳是不可靠的。《三国演义》里,孙策和太史慈酣战,从马上打到马下,从手持兵器打到空手打斗。空手打斗,总觉得不大"可靠"。

习武之人,能不能喝酒,这得看什么人。如果是粗野武夫,喝酒之后,往往爱吹牛,会语言伤人,变得鲁莽好斗,会惹祸。酒对他来说,当然是不好的。

而有修养的武人,在酒后——有时候我们不得不喝——可以打拳散酒气。就瞿夫子门内的拳种而言,是可以酒后打的,打完之后,汗一出,酒气散了,继续入席去喝。而且,长期习易筋经,酒量会变大。林冲雪天沽酒,看到好雪,打一路精妙枪法,这个时候,酒可以助兴。这是他个人的修炼,不会妨碍别人。所以,打拳能不能喝酒,也得看人。

瞿夫子的师父曾告诫,习武之人有四大戒律:不可赌力,不可赌食,不入杀场,不可卖艺。这是老一辈的告诫,也是老一辈的经验教训。

这四条戒律,须从习武之人的种类说起。有四种习武之人：有一种人学武是为了自卫；有一种人习武是为了谋生，如走镖护院；有一种人习武是为修行；有一种人习武是为了点灯传承。我们也需要澄清一个观念，武术历来不是所有人都能拥有，都能练的。现在大家都能练的，只能算是一种健身运动。武术是会拣选人，拣选有毅力的、有余力的人。老话说，穷文富武，就是这个道理。武术非粗人所练，粗人也练不成真正的高手。怎么讲呢，粗人为生活所累，长久下来，身体感觉会变得迟钝，如果沦为苦力、打手、跟班，又处在很危险的境地，也成不了真正的高手。当然，不排除有武人为生活所迫，沦为粗人苦力，也不排除粗人苦力之中有天分极高的武学奇才被老师选中，他们就另当别论了。

不可赌力。瞿夫子说，有一天，他和朋友外出游玩，开车到野外，路中央一个大石头挡道，车不得过，一朋友说："你习武出身，必有大力，可否搬开这个大石头？"不管这块大石头他搬得动还是搬不动，他都没有去搬那块大石头，因为，如果搬不动而逞能硬要去搬，这就是赌力，有可能会伤及身体，习武之人的身体是很金贵的。还有一层原因，习武不是为了干苦力的。如何解决这个石头的问题，方法很简单，就是大家一起搬开这块大石头。

不可赌食。原因也很简单，因为这样很容易会伤到你。旧时江湖险恶，有过这样的教训，有人激一个习武之人，就说：

你习武，饭量一定很大，这一大碗面你吃不吃得掉？在这种场合之下，习武之人会逞能，吃下那一大碗面，吃完面之后，那人会继续激将：你习武，力量一定很大，那块大石头你搬不搬得动？在这种场合之后，习武之人还会继续逞能，去搬那块大石头，原本没事，可是已经吃撑了一大碗面，再一用力搬石头，就会伤到自己，甚至连胃也会炸掉。

不入杀场。双方火拼，不要进去，因为这正是是非之地。《庄子》里说，"不怨飘瓦"，可前提是，你不要老是在瓦片下走。在那种局面下，有时候双方都会认为你是对方人马，容易被误伤。当然，见义勇为是另外一回事。

不可卖艺。拳分为两种，一种是吃饭的拳，意思是在外头打这一路拳，就是挣到饭吃的意思，这种拳是打得非常漂亮的。扣步罗汉拳就属于吃饭拳。在现代社会，可以拿这套拳外出交流，参加比赛，增加经验。和吃饭拳有别的，就是看家拳。绝对不可以拿看家拳卖艺，因为看家拳非常金贵，另外，看家拳都是直接的杀招，不好对外显露。

专研武学的人，不会满足于一门功夫，会博采众长，苦心研习，相互参证。但是，庄子云："吾生也有涯，而知也无涯。以有涯随无涯，殆已！"习武也一样，你要知道自己在哪里停留，如果不懂得停留，终究会迷失。停留，不是说止步不前，而是要归拢所学,归拢所走过的路,如万条小河汇入池塘。如果不懂归拢,如水泄于地,终究一事无成。习武如此,做学问如此,人生也是如此。

参考书目

《诸子集成》，上海书店出版社，1996年版

《宋史全文》，黑龙江人民出版社，2005年版

程俊英等：《诗经注析》，中华书局，2011年版

司马迁：《史记》，中华书局，1982年版

班固：《汉书》，中华书局，2016年版

陈寿：《三国志》，中华书局，2012年版

范晔：《后汉书》，中华书局，1970年版

萧子显：《南齐书》，中华书局，2016年版

刘昫：《旧唐书》，中华书局，2000年版

欧阳修：《新唐书》，中华书局，1975年版

欧阳修：《新五代史》，中华书局，2007年版

脱脱等：《宋史》，中华书局，1997年版

张廷玉：《明史》，中华书局，2015年版

赵尔巽等：《清史稿》，中华书局，2020年版

干宝：《搜神记》，中华书局，1979年版

王嘉：《拾遗记》，上海古籍出版社，2012年版

范摅：《云溪友议校笺》，中华书局，2017年版

李冗：《独异志》，中华书局，1983年版

李昉：《太平广记》，中华书局，1970年版

王晋光等译注：《东坡志林》，中信出版社，2015年版

岳珂：《桯史》，《全宋笔记》第七编四，大象出版社，2016年版

曹操　曹丕　曹植：《三曹集》，岳麓书社，1997年版

阮籍：《阮籍集校注》，中华书局，2015年版

道元：《景德传灯录》，海南出版社，2017年版

张载：《张载集》，中华书局，2012年版

朱熹：《朱子全书》，上海古籍出版社，2002年版

吕祖谦：《吕祖谦全集》，浙江古籍出版社，2008年版

陈亮：《陈亮集》，中华书局，1974年版

陆九渊：《陆九渊集》，中华书局，2020年版

刘伯温：《黄金策》，中国广播电视出版社，2015年版

戚继光：《纪效新书（十四卷本）》，中华书局，2001年版

戚继光：《纪效新书（十八卷本）》，中华书局，2001年版

俞大猷：《正气堂全集》，福建人民出版社，2007年版

徐渭：《徐渭集》，中华书局，2015年版

郑若曾：《筹海图编》，中华书局，2007年版

归有光：《震川先生集》，上海古籍出版社，2016年版

冯梦龙：《喻世明言》，中华书局，2014年版

王阳明：《王阳明全集》，上海古籍出版社，2014年版

黄宗羲：《黄宗羲诗文选译》，凤凰出版社，2011年版

顾炎武：《日知录》，上海古籍出版社，2012年版

李光地：《榕村语录·榕村语录续集》，商务印书馆，2019年版

吕熊：《女仙外史》，黑龙江美术出版社，2016年版

钟兆华：《元刊全相平话五种校注》，巴蜀书社，1989年版

叶采：《近思录集解》，中华书局，2017年版

冯至：《杜甫传》，人民文学出版社，1953年版

蒋方：《李璟李煜集》，凤凰出版传媒，2011年版

仇兆鳌：《杜诗详注》，中华书局，2015年版

谢思炜：《白居易诗集校注》，中华书局，2009年版

辛更儒：《辛弃疾集编年笺注》，中华书局，2015年版

程宗猷：《少林棍法阐宗》，山西科学技术出版社，2006年版

王云五主编：《啸旨·角力记·学射录·手臂录》，山西科学技术出版社，2012年版

程人骏等：《大梨花枪图说·捷拳图说·实用大刀术》，山西科学技术出版社，2012年版

唐豪：《少林武当考·太极拳与内家拳·内家拳》，山西科学技术出版社，2011年版

王资鑫：《绿杨武踪》，广陵书社，2008年版

汪涌豪：《中国游侠史论》，上海人民出版社，2016年版

杨泓：《中国古兵器论丛》（增补本），中国社会科学出版社，2007年版

田余庆：《秦汉魏晋史探微》，中华书局，2020年版

邱丕相：《中国武术史》，高等教育出版社，2008年版

苏静：《知日·武士道》，中信出版社，2014年6月

田中健夫：《倭寇——海上历史》，社会科学文献出版社，2015年版

梁晓天：《倭寇战争全史》，中国长安出版社，2015年版

余英时：《朱熹的历史世界》，三联书店，2012年版

寺地遵：《南宋初期政治史研究》，复旦大学出版社，2017年版

郑小悠：《年羹尧之死》，山西出版传媒集团，2018年版

李惠民：《太平天国北方战场》，中国社会科学出版社，2016年版

白化文：《三生石上旧精魄》，北京出版社，2005年版

浦安迪：《明代小说四大奇书》，三联书店，2015年版

田晓菲：《秋水堂论金瓶梅》，天津人民出版社，2008年版

王学泰：《游民文化与中国社会》（增修版），山西人民出版社，2018年版

王学泰：《水浒识小录》，广西师范大学出版社，2012年版

林庚：《西游记漫话》，北京出版社，2004年版

连阔如：《江湖丛谈》，中华书局，2016 年版

《清代档案史料丛编》第五辑，中华书局，1980 年版

徐皓峰：《武人琴音》，人民文学出版社，2014 年版

杰弗里·帕克：《剑桥插图战争史》，山东画报出版社，2004 年版

柏拉图：《柏拉图全集》，人民出版社，2012 年版

修昔底德：《伯罗奔尼撒战争史》，商务印书馆，2010 年版

色诺芬：《长征记》，商务印书馆，2015 年版

崔英超：《论南宋孝宗朝"无恢复之臣"的原因——从主战派宰相性格谈起》，《历史教学》2010 年第 4 期

图书在版编目（CIP）数据

屠龙简史：武林漫游三千年/王永胜著. -- 上海：上海文艺出版社，2023
（2023.4重印）
ISBN 978-7-5321-8374-6
Ⅰ.①屠… Ⅱ.①王… Ⅲ.①随笔－作品集－中国－当代 Ⅳ.①I267.1
中国版本图书馆CIP数据核字(2022)第246900号

发 行 人：毕　胜
责任编辑：胡曦露
营销编辑：张怡宁
封面设计：今亮后声·小九
书签设计：瞿冬阳

书　　名：屠龙简史：武林漫游三千年
作　　者：王永胜
出　　版：上海世纪出版集团　上海文艺出版社
地　　址：上海市闵行区号景路159弄A座2楼 201101
发　　行：上海文艺出版社发行中心
　　　　　上海市闵行区号景路159弄A座2楼206室 201101 www.ewen.co
印　　刷：常熟市华顺印刷有限公司
开　　本：889×1194　1/32
印　　张：9.5
插　　页：2
字　　数：172,000
印　　次：2023年1月第1版 2023年4月第2次印刷
ＩＳＢＮ：978-7-5321-8374-6/G·0358
定　　价：55.00元
告读者：如发现本书有质量问题请与印刷厂质量科联系　T:0512-52605406